HAND DRIP

핸드드립커피
마스터

Prologue

에스프레소를 한 번도 시도해 보지 못했다는 분에게 한 잔의 에스프레소를 추출하여 대접한 적이 있었다. 잔을 손에서 놓지 않은 채 모두 맛 본 그 분은 "이런 맛이었군요, 에스프레소!"라며 놀라워했다. "쓴맛만 강해서 거북할 것 같았는데 전혀 그렇지 않다"는 거였다. 그 이후 그 분은 열렬한 에스프레소 애호가가 되었다.

모든 음식이 그러하듯 맛있는 커피는 처음 마셔보는 사람에게도 좋은 느낌을 줄 수 있어야 한다. 그럼에도 불구하고 어떤 계기가 없어서, 혹은 한 번 시도해봤으나 결과가 불만족스러워 밀쳐두었던 삶의 조각들이 우리 주위에 얼마나 많은가? 커피 일을 하든 그렇지 않든 이미 커피는 우리의 일상이 되었다. 올바른 커피 추출법에 대한 약간의 관심과 시도는 가성비 높은 결과물, 더 높은 만족감으로 보상될 것이다.

커피산업은 다음과 같은 4개의 직접시장과 1개의 간접시장의 영역으로 이루어져 있다.

커피는 수백 년에 걸쳐 각각의 영역에서 다양한 시도와 연구를 통해 발전되어 지금에 이르렀다. 내 앞에 놓인 한 잔의 커피 속에는 그러한 노력들이 어떤 형태로든 녹아들어 있다. 위의 모든 분야와 단계 하나하나가 빠짐없이 중요하며, 그 필요성과 중요성에 대해 우리가 충분히 이해하고 각 단계가 제대로 된 역할을 수행할 때, 비로소 커피산업과 문화 역시 올바른 방향으로 진보하게 된다.

과거 한국 경제가 고속성장기를 거쳐왔던 이면에서 커피는 휴식과 정서적인 안정감, 그리고 만남의 매개체라는 각별한 기능과 역할을 감당해왔다. 우리나라는 에스프레소를 기반으로 한 커피가 본격적으로 공급되기 훨씬 전부터 이미 다양한 추출법을 통해 커피를 즐겨왔던 역사를 가지고 있다. 80년대 다방시대를 거쳐 90년대 전후에는 난다랑, 쟈뎅, 도토루, 가비방 등의 현대식 커피전문점이 활기를 띠기도 했다. 이곳에서 수많은 커피 애호가들이 그들의 소중한 시간을 커피와 함께 해왔다.

필자 역시 학창시절에 가비방 본점을 매일 찾다시피 했고, 당시 핸드드립 방식의 추출법을 접하면서 커피에 대해 남다른 관심을 가지게 되었다. 어느 해 겨울 오전시간, 서울 종각역에서 종로3가역 중간쯤에 있던 '도토루'에서 초로의 어른들이 편한 차림으로 자리잡고 앉아 커피 한 잔을 벗 삼으며 신문이나 잡지를 읽고 있었던 장면이 지금도 생생하다.

그로부터 25년이 지난 지금도 나는 핸드드립커피를 즐긴다. 도대체 무엇이, 어떤 매력 때문에 그 마력에서 벗어나지 못하는 걸까?
이 책은 이런 물음에서부터 출발한 해법서이다. 공학을 전공한 공학도로서, 무역회사와 금융회사를 경험한 상사인이자 금융인으로서, 로스터리 커피전문점을 손수 경영했던 커피인으로서, 그리고 공정무역을 실천하는 실천가로서의 시간들을 커피의 관점에서 정리하고자 노력했다. 과학적이고 분석적인 이론과 실전적 추출기법에 대한 정확한 이해는 한층 더 높은 품위와 만족감의 전제조건일 것이다. 이를 통해 각 가정에서 손쉽게 핸드드립커피에 접근할 수 있는 계기가 마련되고 통로가 열리기 때문이다.

이번 작업을 통해 통계 자료 등을 제외한 거의 모든 내용들을 학술적으로 검증하고 체계를 잡기위해 애썼으며, 이를 토대로 시중에서 구전되어 옮겨지는 지식들의 원인과 진위를 논리적으로 재해석하고자 노력하였다. 커피업계 종사자를 포함한 커피 애호가들이 보다 올바른 커피 생활을 영위하는데 도움되기를 소망한다.

작업 과정에서 많은 분들의 도움을 받았다. 특히 5년 간에 걸쳐 거의 매일 '클라우드트리 구름나무커피'를 찾아 '에피쿠리안 런치'를 이어나가셨던 부산대학교 인문대 교수님들의 도움이 컸다. 이 분들과의 인연은 무엇과도 바꿀 수 없는 소중한 만남으로 남았고, 변함없는 우정이자 인생의 동반자로 각인되어 있다. 부산 희락원 부원장님은 커피에 대한 특별한 믿음으로 끝까지 응원해주셨고, 부산공정무역연구회 회원들은 창립고문으로 있는 필자를 기다려주었다.
흔쾌히 출간을 결정해주신 커피앤티 지영구 편집국장님, 번거로운 편집과 사진촬영에 심혈을 기울여주신 커피앤티 식구들에게 감사와 고마움을 표한다. 무엇보다 가족의 따뜻한 사랑이 없다면 이루어지기 힘들었을 것이다. 이 책을 사랑하는 아이들, 민혁과 찬희에게 바친다.

2016년 1월
커피향이 짙어지는 계절에 **박 재 범**

Contents

Prologue · 6

제1장 커피학

1. 커피의 기원 · 14
2. 커피 시장의 발전 · 15
3. 커피의 재배와 수확 · 16
4. 커피의 가공 · 18
    1) 내추럴 방식 · 18
    2) 워시드 방식 · 18
5. 생두의 품질 등급 · 20
6. 스페셜티커피 · 21

제2장 로스팅의 이해

1. 로스팅으로 인해 발생되는 커피 원두의 변화 · 24
    1) 체적의 증가 · 24
    2) 색깔의 변화 · 25
    3) 크랙 · 25
        • 1차 크랙 · 26
        • 2차 크랙 · 26
    4) 무게의 감소 · 26
    5) 향미의 생성 · 27
    6) 기타 · 28

2. 로스팅 프로파일 · 28

3. 볶음 정도에 따른 구분 · 29
    1) 세심한 시점 선택 · 29
    2) 볶음 정도에 따른 구분 · 30
    3) 볶음 정도에 따른 향기 발산의 전개 · 32
    4) 로스팅 전후의 커피 성분의 변화 · 32

제3장 핸드드립 이론

1. 물의 물리적 성질 · 36
    1) 응집성 · 37
    2) 부착성 · 38
    3) 중력의 영향 · 39
        • 투입된 물을 아래로 당기는 역할 · 39
        • 투입된 물의 표면을 수평으로 유지시키는 역할 · 40

2. 커피 추출 과정에 적용되는 기초 이론 · 41
    1) 용해 · 41
    2) 확산 · 42
    3) 포화 상태 · 43

3. 커피 추출 개념 · 44
    1) 볶은 커피의 조직 구조 이해 · 44
        • 공동 · 45
    2) 추출 체제 · 47
    3) 추출 과정 · 48
        ① 공동 내부로 물이 스며드는 단계 · 48
        ② 수용성 성분의 용해와 확산 · 49
    4) 추출수율 · 50
        ① 추출수율 · 50
        ② 농도 · 51
    5) 추출수율과 농도, 맛의 상관관계 · 53
    6) 추출수율표를 통해 미리 보는 추출 변수 · 55
    7) 추출 형태로 나눈 4大 추출법 · 56

4. 추출 변수의 이해 · 58
    1) 엄선된 재료 · 59
        • 로스팅 후 잘 보존된 원두 · 59
        • 결점두는 추출 전 미리 선별하여 제거 · 60
    2) 추출자의 의도에 부합하는 최적의 로스팅 · 61
        • 최적의 로스팅 단계 설정과 선택 · 61
        • 원두간 색상 편차가 적은 원두 · 62
    3) 추출에 사용할 원두량 · 63
    4) 분쇄도 · 65
        • 추출 형태에 따른 일반적인 분쇄도 · 67
        • 커피량과 분쇄도와의 상관관계가 맛에 미치는 영향 · 67
        • 원두량, 분쇄도와 추출수율 사이의 상관관계 · 68
            – 분쇄도가 동일할 때
            – 커피량을 동일하게 사용할 때
    5) 추출 진행 속도 · 69
        ① 드립포트로부터 드립퍼로 공급되는 물의 속도 · 69
        ② 드립퍼 내부에 담긴 커피입자 사이를 거쳐 지나가는 물의 속도 · 70
    6) 최종 추출량 · 72

- 시간의 흐름에 따른 추출수율의 변화 · 73
7) 의도된 물의 온도 · 73
  - 뜸들이기를 진행하는 물 양의 차이에 따른 온도 변화 추이 · 76
  - 물을 붓는 속도 · 77
  - 물붓기 횟수 당 투입하는 물 양의 안배 · 77
8) 물붓기 방식 · 78
9) 드립퍼의 선택 · 79
  ① 멜리타 드립퍼 · 81
  ② 칼리타 드립퍼 · 82
  ③ 하리오 드립퍼 · 83
  ④ 고노 드립퍼 · 84
  ⑤ 드립퍼의 재질 · 85
    - 플라스틱 재질 · 86
    - 도자기, 유리 재질 · 86
    - 금속 재질 · 87
10) 기타 추출 변수 · 88
  ① pH · 88
  ② 여과도구의 소재 · 89
    - 종이 · 89
    - 융 · 90
    - 금속 · 91
  ③ 혀의 컨디션 · 93
11) 이상적 추출 vs. 현실적 추출 · 94
  - 개념의 구상 · 95
  - 추출 변수의 항복별 개선 방향 · 95

이론 파트를 마치며 · 97

제4장 핸드드립 실전

1. 추출 용구의 종류와 특성 · 100
  1) 드립포트 · 102

[두 물체 간에 작용하는 힘의 동역학] · 104

  ① 바람직한 물줄기 개념 · 110
    - 수직으로 떨어지는 물줄기 · 110
    - 와류 발생 지점을 최대한 아래로 · 114
    - 일관된 물줄기 굵기 조절 · 115
  ② 물줄기 조절 측면에서 더 유리한 드립포트 선택의 4가지 Point · 116
  ③ 드립포트의 그립(Grip)법 · 121
    - 고리(Loop)형 손잡이 · 122
    - 가지(Lever)형 손잡이 · 123
    - 전신 자세 · 124
  ④ 드립포트 주둥이(Spout) 튜닝 · 125
    - 튜닝 방법 · 125
    - 튜닝 정도 · 126
2) 드립퍼 · 128
  ① 물이 물을 밀어내는 원리 · 128
  ② 드립퍼를 놓는 위치와 방향 · 129
  ③ 물줄기 내려놓기 · 131
    - 밧줄 내려놓기 연상법 · 132
    - 물줄기 궤적 · 133
    - 물줄기가 분쇄커피 표면을 달리는 속도 · 136
    - 다양해지는 드립퍼 받침대 · 137
3) 여과지 · 138
  - 여과지 장착 순서 · 138
4) 드립서버 · 139
  - 드립서버 손잡이 방향 · 139
  - 세척시 서버를 안전하게 쥐는 방법 · 140
  - 세척시 유의점 · 140

2. 추출 과정 · 142
  1) 물 끓이기 · 143
  2) 드립퍼 선택 · 143
    - 최종 추출 목표량에 따른 드립퍼 선택 · 143
    - 드립퍼 선택의 기준 예시 · 143
  3) 여과지 장착 · 145
  4) 커피량 계량 · 145
    - 틴컵, 파인트컵, 쉐이커 등의 사용 · 145
  5) 커피 분쇄 · 146
    - 미분은 가급적 배제한다 · 146
    - 한 번의 추출에는 동일한 분쇄도의 분쇄커피만을 사용한다 · 146
    - 분쇄기 내부의 분쇄 공간을 소량의 새로운 커피로 예비 분쇄하여 잡미 발현을 최소화한다 · 146
  6) 커피 담기 · 147
    - 드립퍼에 담은 분쇄커피의 최상단 표면은 수평면이 되도록 한다 · 147
    - 수평을 맞추기 위하여 드립퍼의 측면을 손으로 치지 않는다 · 148

Contents

7) 물 온도 측정 · 148
- 해당 추출 과정에 필요한 충분한 양의 물을 한 번에 준비한다 · 148
- 물붓기 중간에 가열하여 온도를 다시 올리지 않는다 · 148
- 온도계 · 149
- 온도의 측정은 고온 ➡ 저온으로 이동하며 측정 · 149
- 온도를 측정하는 장소는 드립포트 몸체 · 150
- 커피 추출에 관여하는 모든 기물에 대한 온도 관리 · 151
- 온도계의 도움 없이 온도를 가늠할 수 있는 방법의 활용 · 151

8) 뜸들이기 · 154
- 로스팅 정도에 따른 뜸들이기 물 양과 횟수 조절 · 156
- 커피량이 늘어날 경우에 따른 뜸들이기 방법 · 157
- 뜸들이기 시간 · 157

9) 추출 · 158
- 물붓기 회차별 투입 물 양의 안배 · 158
- 물붓기시 드립포트의 높이 (물줄기의 길이) · 161
- 가장자리 (언저리) 10mm 남기기 · 162
- 가장자리 세로 변동폭 유의 · 163
- 시선은 표면물 닿는 곳 20mm 전방 · 164
- 표면이 갈라지기 전에 차회 물붓기 · 165
- 추출이 완료된 커피는 골고루 섞어서 서비스 · 165

핸드드립 실전 파트를 마치며 · 167

제5장 핸드드립식 추출법의 확장

1. 아이스 핸드드립 · 170
   1) 얼음의 역할 · 171
      ① 추출되는 커피의 높은 온도를 낮추는 냉각제 역할 · 171
      ② 낮아진 온도를 지속적으로 낮게 유지시켜주는 보냉제 역할 · 171
   2) 하리오 모델 · 173
      - 추출 순서 · 173
      - 舊모델 vs. 新모델 · 175
   3) 칼리타 모델 · 177

2. 케멕스(Chemex) · 178
   1) 추출법 · 179
      ① 여과지 접기 · 179
      ② 린싱 (Rinsing) · 180
      ③ 커피 분쇄 및 담기 · 181
      ④ 뜸들이기 · 181
      ⑤ 추출 · 182
   2) 아이스 추출법 · 182

3. 워터드립 · 183
   1) 기본 원리 · 183
   2) 추출 방식 · 183
      ① 상부 물탱크에 물 채우기 · 184
      ② 커피로더 혹은 커피탱크에 분쇄커피 채우기 · 184
      ③ 추출 · 184
      ④ 숙성 및 보관 · 184

Epilogue · 186

부록

그림, 표 색인 · 190
참고문헌 · 193

HAND DRIP

핸드드립커피 마스터

제1장

커피학

1. 커피의 기원

사람은 대개 출신지와 생일을 소중하게 여긴다. 출생한 날로부터 면면히 이어져온 인생의 뿌리이자 가치관의 출발점이기 때문이다. 곳곳에 자리하고 있는 수많은 커피전문점들 역시 나름의 존재 이유와 가치를 지니고 있다. 이들은 오늘 이 순간에도 각자의 자리에서 소중한 역사를 만들어 간다.

핸드드립식 커피 추출과 관련한 담론은 방대하다. 이야기를 시작하기에 앞서 커피가 지금까지 어떤 길을 걸어왔는가 살펴볼 필요가 있다. 그것은 커피를 이해하는 기초가 됨과 동시에 향후 발전 방향성을 가늠하는 데에도 도움이 될 것이다.

언제 어디서 발현되었으며, 어떤 경로를 무슨 이유로 이동하였는가? 커피가 발견된 이래 약 1500년에 달하는 긴 시간이 흘렀고, 다양한 분야의 사회적 기능이 발달함에 따라 커피 역시 지역의 특성이 반영된 형태로 가공되고 발전되어 왔다. 그럼에도 불구하고 오랜 변천사 속에서도 변함없이 이어져온 원천적 가치가 존재한다. 이를 발견하고 이해해야 미래 커피산업의 핵심을 놓치는 우를 범하지 않을 수 있을 것이다. 그 첫 시작이 되는 커피의 기원에 대해 알아보자.

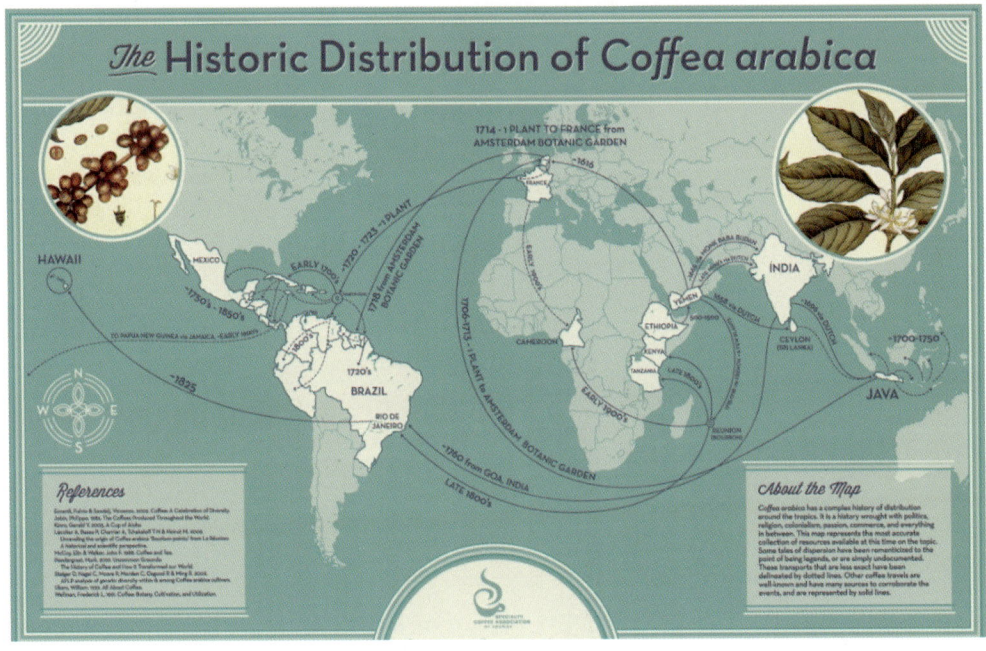

[그림 1] 커피의 전래 역사 (출처 : 미국스페셜티커피협회)

"7세기 경 아프리카 에티오피아 아비시니아 고원지역의 목동인 칼디는 염소들이 어떤 열매를 먹고 흥분하는 것을 발견하고 인근 수도원에 그 열매를 가져가게 되었다. 수도원장은 예사롭지 않은 효능을 가진 열매를 경계하여 태우려 하였으나, 불을 만난 열매에서는 오히려 매혹적인 향기가 났다. 이후 차로 음용했더니 수도원의 밤 기도 때에도 맑은 정신을 유지할 수 있었다."

'칼디의 전설'이라 불리우는 이 이야기는 여전히 유력한 커피 기원설로 읽힌다. 커피의 원산지도 에티오피아로 인정되고 있으며, 그 이후 다양한 루트를 거쳐 전 세계로 전래되어 지금에 이르고 있다. 현재 커피는 세계 40여 개국에서 연간 약 850만 톤이 생산되고 있다(세계커피협회, 2014년도 통계).

> **커피가 발견된 7세기 전후 세계의 역사**
> - 7세기 초, 고구려 을지문덕은 살수에서 수나라 군대를 물리침
> - 신라 첨성대가 세워지고 이후 통일신라 시대가 전개됨
> - 7세기 말, 대조영은 발해를 건국하고 세력을 키워나감
> - 당나라가 건국되고, 서아시아에서는 이슬람교가 등장함
> - 이슬람 문화는 수학, 과학, 의학을 크게 발달시켰으며, 지역의 설화를 담은 아라비안 나이트는 당시 이슬람 문학을 대표하게 됨
> - 7세기 이후 프랑크 왕국은 과거 서로마제국 영토를 점령하며 번성함

2. 커피시장의 발전

현대 분류학의 아버지, 현대 식물학의 시조로 일컬어지는 스웨덴의 식물학자 린네(Carl von Linne, 1707~78)는 커피나무를 분류함에 있어, 아프리카를 원산으로 하는 식물계 속씨식물門 쌍떡잎식물綱 용담目 꼭두서니科(Rubiaceae) 커피나무屬으로 분류하고 있다. 이는 다시 3大 원종(原種)으로 아라비카(Arabica)種, 로부스타(Robusta)種, 리베리카(Liberica)種으로 구분하고 있으며, 소량이 생산되는 리베리카종을 제외한 아라비카종과 로부스타종이 거의 대부분의 상업적 거래시장을 형성하고 있다.

19세기 말 이전까지 아라비카는 세계에서 유통되는 거의 모든 커피에 해당하는 품종이었다. 아라비카는 남회귀선과 북회귀선 사이 800미터 이상의 경작지, 배수가 잘되며 비옥한 토양지, 연 강수량 2000ml 이상에 서리가 내리지 않는 등의 까다로운 재배조건이 충족되는 지역에서 자란다. 아라비카

커피는 특히 커피잎녹병(Coffee Leaf Rust, CLR)* 등 질병에 취약한 특징을 가지고 있다. 1869년, 스리랑카에서 커피잎녹병이 발생하여 지역 커피농장이 황폐화되었다는 사실이 보고된 이래 아라비카종을 병충해로부터 지켜내기 위한 노력은 계속되어 왔다. 그럼에도 불구하고 1920년대에는 아프리카의 광범위한 지역과 인도네시아, 피지를 포함한 아시아의 커피농장에까지 커피잎녹병이 번졌고, 1970년에는 세계 최대의 생산국인 브라질도 피해를 입었다. 그 와중에 인도네시아는 생산수율이 높고 병충해에 강하며 평지에서도 생육과 수확이 가능한 로부스타종을 커피시장에 내놓았다. 20세기 초중반에 동부자바 지역에서의 성공은 이후 인도와 아프리카 지역의 생산모델이 되기도 하였다.

이런 과정을 통하여 현재 전 세계 커피시장은 아라비카가 70~75%, 로부스타가 25~30%의 범위 내에서 거래되고 있다. 아라비카에 비해 맛의 품위는 다소 떨어지지만 값이 현저하게 싼 로부스타는 인스턴트커피의 주원료로 자리 잡게 되었다.

1970~80년대 한국은 인스턴트커피의 소비가 많았던 반면, 아라비카 커피를 사용하는 원두커피 소비시장은 브라질 산토스, 브라질 No.4, 콜롬비아 등 유통거점이나 등급명, 국가명에 해당하는 명칭으로 통합하여 지칭해도 될 만큼 작은 규모에 불과했다. 그러나 불과 20여 년 만에 한국 커피시장은 급속히 팽창하여 지금은 해당 산지의 커피들을 농장별 단위로 구분하여 거래되고 있다. 그 결과 End-User라 할 수 있는 소비자에게 직접 커피를 제공하는 커피매장이 산지와의 직거래를 통해 커피를 수입하는 사례도 보편화되고 있다.

현재 한국은 유럽연합, 미국, 일본, 러시아, 캐나다, 알제리에 이어 커피수입국 기준 7위의 소비국으로서, 2014년 현재 연간 수입량은 약 14만 톤에 이른다(세계커피협회, 2014년도 통계).

3. 커피의 재배와 수확

커피는 전 세계인이 즐기는 음료가 되었으나, 커피나무가 자라서 열매를 맺고 경제적인 수확이 지속가능한 단계에 이르는 지역은 한정되어 있다. 이른바 커피벨트(Coffee Belt)라 불리는 커피 재배 가능 지역에 위치한 커피 생산지는 항해술이 본격적으로 발달한 18세기 이후 지역의 특성에 맞게 더욱 체

---

* **커피잎녹병**(Coffee Leaf Rust, CLR) : 잎에 녹이 슨 것과 같은 반점이 점점 자라나 잎의 역할을 막아 나무가 약해지고, 커피 생산량의 급감으로 이어지는 전이력이 강한 질병

계화되었고, 생산된 커피의 성질에 따른 로스팅 기술도 함께 발전하게 되었다. 이와 더불어 더 좋은 품질의 커피를 생산하기 위한 재배법은 현재도 꾸준히 연구 개발되고 있다.

파치먼트 상태의 커피씨앗은 적절한 기후조건 하에서 발아하고, 묘목이 되면 옮겨 심어 커피나무로서의 본격적인 성장을 하게 된다. 커피나무는 야생에서 10미터 이상 자라는 경우도 있으나, 효율적인 수확을 위해 나무의 키를 2~3미터 정도로 관리한다. 줄기는 옆으로 퍼지며 자라고, 끝 부분은 무게로 인하여 처진다. 가지는 회초리처럼 신축성이 높다. 3~4년이 지나면 열매를 수확할 정도로 성장하게 되는데, 이 시점이 되어야 비로소 경제적 가치를 지닌다.

수확은 1년에 한 번 하는 것이 일반적이다. 농장이 비탈져 있거나 대부분의 영세한 농부들은 손으로 일일이 수확하는 경우가 많고, 대단위 농장의 경우 커피나무가 심어진 골을 따라 기계가 이동하며 수확하는 기계식 수확도 널리 활용된다.

> **"파치먼트"란?**
>
> 커피체리의 과육을 벗겨내면 속씨에 해당하는, 커피생두를 감싸고 있는 매끈한 갑옷 같은 껍질이 나오는데, 이를 파치먼트라 한다. 파치먼트 상태에서는 로스팅이 정상적으로 이루어지지 않으며, 심지어 로스팅 후 파치먼트를 벗겨내면 생두의 색깔을 여전히 유지하는 경우도 발견된다. 단, 발아를 위해서는 파치먼트 상태에서 파종되어야 하며, 훌링(Hulling) 과정에서 파치먼트가 벗겨지고 원두의 배아가 다치게 되면 발아하지 않는다.
>
> - **펄핑(Pulping)** : 커피체리의 껍질과 과육을 벗겨내는 과정
> - **훌링(Hulling)** : 파치먼트를 벗겨내는 과정
> - **폴리싱(Polishing)** : 파치먼트 제거 이후 생두에 붙어있는 은피(Silver Skin)를 제거하는 과정

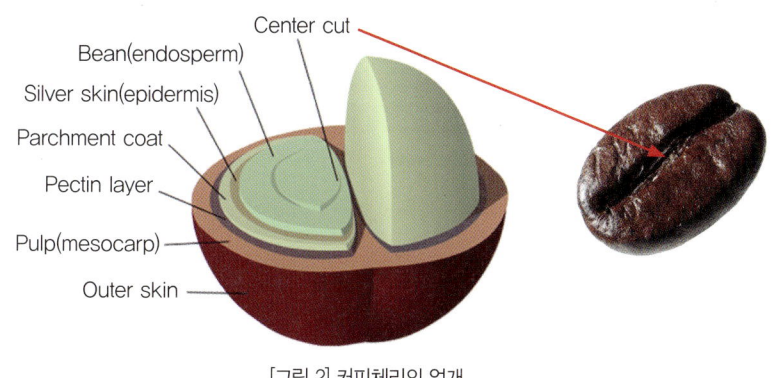

[그림 2] 커피체리의 얼개

4. 커피의 가공

1) 내추럴 방식 (Natural Processing, 자연건조 가공법)

　전통적이고 대표적인 내추럴(Natural) 방식은 잘 익은 커피체리를 선별 수확한 뒤 그대로 건조시켜 그 씨앗인 커피생두를 나중에 얻어내는 가공 방식이다. 따라서 커피체리의 과육이 함유하고 있는 성분 역시 건조 과정에서 생두에 영향을 미치게 된다. 잘 말린 체리의 과육을 제거한 다음 낱알의 생두를 가공하므로 씻김이나 휘발로 인한 성분의 손실을 막을 수 있다. 그 결과 풍부한 과일 향미와 바디감이 상대적으로 우수하게 표현된다. 반면에 건조 시간이 길고 결점두가 많이 발생한다는 단점을 지니고 있다. 이 때문에 대량생산 체제에 맞는 워시드 방식이 연구되었다.

2) 워시드 방식 (Washed Processing, 수세식 가공법)

　워시드(Washed) 방식은 수확한 커피체리의 껍질과 과육, 점액질을 건조 이전 단계에서 모두 제거하고 건조시킴으로써 생산성을 극대화한 가공법이다. 깨끗한 생두를 얻을 수 있고, 커피의 신맛과 깔끔한 향미를 얻을 수 있다는 점에서 수세식은 각광을 받고 있다. 그러나 해당 산지를 특징짓는 특이성과 개성적 향미가 저하되는 단점도 가지고 있다. 이를 보완하기 위해 펄프드 내추럴(Pulped Natural), 세미 워시드(Semi Washed) 가공법 등이 개발되었고, 해당 산지의 지형적 특성, 토질, 일조량, 수자원 현황 등의 상황에 맞춰 적절한 가공 방식을 취하게 되었다.

　건조 과정을 거친 생두는 일반적으로 60kg 기준의 커피자루에 넣어 거래되며, 소비지에 도착한 이후 원활한 이동을 위해 다시 소분 포장되어 유통되기도 한다. 산지의 생두 재고량이 다소 초과되는 상황에서는 국제 무역 거래 상의 일반적인 허용(Allowance) 조건에 의거하여 60kg 대신 70kg 자루가 사용되기도 한다.

위 4가지의 가공 방식을 정리하면 다음과 같다.

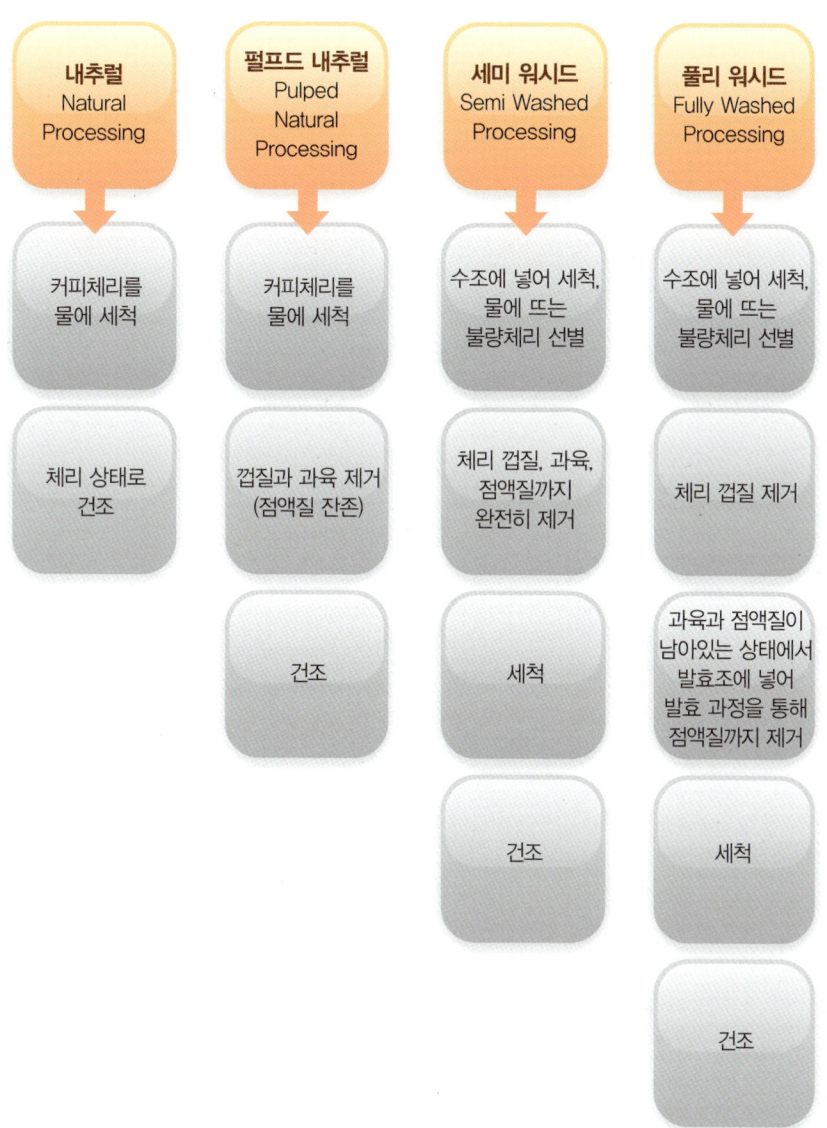

[표 1] 커피생두의 가공 방식

5. 생두의 품질 등급

모든 농산물과 마찬가지로 수확된 커피 역시 품질에 따라 가격이 매겨진다. 커피벨트를 중심으로 세계 각국에서 운영하고 있는 커피 산지의 모든 커피는 본격적인 유통 과정 직전에 해당 국가에서 정하고 있는 품질 판단 기준에 따라 등급이 결정된다.

커피의 등급을 구분하는 척도는 크게 재배지의 해발고도, 생두의 크기, 결점두가 포함되어 있는 정도(결점두 수), 맛 등으로 나누어지고, 한 가지 혹은 한 가지 이상의 기준으로 등급이 결정된다. 각각의 등급 외에도 함수율, 생두 모습, 밀도 등 세부 기준을 따로 마련하는 경우가 많으며, 각 국가나 산지별로 다양한 기준과 방식으로 품질 표시와 관리 프로그램을 적용하기도 한다.

그에 대한 간략한 예시는 아래와 같다.

핵심 등급 기준	적용 국가 및 사례 예시
해발 고도	코스타리카, 엘살바도르, 과테말라, 온두라스, 멕시코 예) 과테말라 SHB (Stricted Hard Bean, 해발 1400m↑)
생두의 크기	콜롬비아, 케냐, 탄자니아 예) 콜롬비아 Supremo (Screen Size* 17↑) 예) 케냐 AA (S18↑)
결점두 수	에티오피아, 인도네시아, 페루 예) 에티오피아 Grade1 (생두 300g당 결점두 수 3개 이하)
생두의 크기 + 결점두 수	브라질, 쿠바, 하와이 코나, 자메이카 블루마운틴, 베트남(로부스타) 예) 자메이카 블루마운틴 No.1 (S17/S18, 결점두 수 3% 미만) 예) 하와이 코나 엑스트라 팬시 (S19, 결점두 수 lb당 10개 이하)

[표 2] 생두의 품질 등급 예시

---

* **Screen Size** : 스크린 사이즈는 생두의 크기를 나타내는 단위이다. S1은 1/64인치를 뜻하며, 약 0.4mm이다. S18은 생두 옆면 넓은 폭의 두께가 0.4 X 18 로서, 약 7.2mm 크기 이상의 생두를 말한다. S18 등급의 생두는 18번 Screen(채)망을 통과하지 못한다. (Screener Size라고도 함)

6. 스페셜티커피(Specialty Coffee)

Specialty는 Special Tea와는 전혀 별개의 개념이다. 커피시장이 팽창하고 보편화되면서 생겨난 고급 커피에 대한 소비자의 욕구는 고가에 거래되며 품질과 맛으로 수상 경력이 있는 고급 커피에 대한 체계가 구축될 수 있도록 하였고, 머리말에서 언급하였던 커피산업의 5가지 영역 모두에서 품질 향상의 노력을 위한 기술 개발을 촉진시키는 또 하나의 계기로 작용하였다.

미국스페셜티커피협회(Specialty Coffee Association of America, SCAA)는 스페셜티커피에 대한 다양한 측면에서의 기준을 마련하여 운용하고 있고, 커피 품질 향상과 고급 커피의 시장 확대를 추구하는 단체이다. 아래는 SCAA에서 제공하고 있는 스페셜티커피의 품질과 관련한 등급 구분 내용이다.

총 점	Specialty Description	구 분
95~100	Exemplary	Super Premium Specialty
90~94	Outstanding	Premium Specialty
85~89	Excellent	Specialty
80~84	Very Good	Premium
75~79	Fair	Usual Good Quality
70~74		Average Quality
60~70		Exchange Grade
50~60		Commercial
40~50		Below Grade
40 미만		Off Grade

[표 3] SCAA 스페셜티커피 품질 등급 구분

미국스페셜티커피협회에서 인정한 스페셜티커피 외의 커피 역시 그 품질에 따라 스페셜티커피로 유통되기도 한다. SCAA로부터 공식적으로 인정받지 못해 Commercial로 구분된 커피 중에서 훌륭한 품질이 발견되기도 하고, 공식적으로 인정받은 커피에서도 기대 이하의 수준이 발견되는 사례도 있다. 자메이카 블루마운틴, 파나마 게이샤, 하와이 코나 등 이미 고급 커피로 인정을 받은 커피의 경우에는 이런 평가 자체에 큰 의미를 두지 않는다. 따라서 스페셜티의 개념이 가치 판단의 절대적 기준은 아니라 하겠다.

Unforgettable Coffee Memories
1998년 스타벅스가 한국에 에스프레소를 본격적으로 소개하기 훨씬 이전에도 한국의 커피문화는 이미 자리하고 있었다. 지금의 카페 명함을 대신했던 이 성냥갑들은 그 시대 번성했던 커피문화의 증거이자, 커피 애호가들의 발자취이다. 성냥갑들을 모아 만든 이 액자는 커피가 선물해 주는 잊지 못할 추억의 상징이다.

제2장

로스팅의 이해

생산과 가공, 무역과 유통 과정을 거쳐 소비지로 이동한 커피생두는 소비가 시작되는 단계 직전에 로스팅(Roasting) 과정을 거친다. 밥을 먹기 위해서는 쌀로 밥을 지어야 하고, 참기름을 얻기 위해서는 깨를 볶아야 하듯이 한 잔의 커피가 만들어지기 위해서 반드시 거쳐야 하는 과정이 로스팅이다.

그러나 밥을 지을 때나 깨를 볶을 때와는 달리 커피를 제대로 볶기 위한 과정은 아주 까다롭고 민감하며, 성공적인 로스팅 과정의 폭 역시 매우 좁다. 즉, 생두에 열이 가해지기 시작해서부터 로스팅이 끝나는 과정에는 매우 엄격한 룰과 함께 그 바탕이 되는 이론이 철저히 적용되어야 한다. 또 전 과정을 이끄는 로스터(Roaster)* 역시 최상의 실력을 발휘해야 상업적으로 더욱 가치 있는 커피가 탄생한다. 로스팅 단계에 적용되는 원리와 과정을 살펴보는 것은 추후 추출 이론을 더 쉽게 이해하는 데에도 도움이 된다.

로스팅 이전의 생두

로스팅 이후의 볶은커피

[그림 3] 로스팅 전후의 원두 모습

1. 로스팅으로 인해 발생되는 커피원두의 변화

1) 체적의 증가

로스팅이 진행되면 될수록 점차 체적이 증가한다. 이 현상은 커피의 로스팅 과정에서 매우 중요한 부분이며, 이로써 물에 의해 커피 성분이 효율적으로 추출될 수 있는 물리적 여건이 만들어진다.

그 원리를 알아보자.

---

* 로스터(Roaster) : 이 책에서는 커피 볶는 기술을 가진 사람을 "로스터(Roaster)"로, 커피 볶는 기계를 "로스팅 머신(Roasting Machine)"으로 표기하기로 한다.

표준 대기압 상태에서 물의 체적이 최소화되는 온도는 4℃이다. 온도가 100℃로 상승하면 체적은 4.3% 증가한다. 커피생두는 수분을 함유하고 있는데, 수확 후 건조 과정에서 약 13% 전후의 함수율을 가지게 된다. 실온 상태의 생두가 로스팅 머신에 투입되어 고온에 노출되면 표면에서부터 내부로 열이 전달되는 과정에서 수분이 증발하여 고압의 증기압이 발생하는데, 이 증기압이 체적 팽창의 결정적인 원인이 된다. 자유수* 뿐만 아니라 결합수** 역시 생두가 내포하고 있는 수 백 가지의 커피 성분을 열에 의해 화학적으로 변화시킴과 동시에 세포의 체적을 팽창시키는 역할을 한다.

일반적으로 원두의 체적은 로스팅이 더 진행되면 될수록 더 커지며, 밀도(혹은 경도)는 상대적으로 작아진다. 한 실험에 의하면, 수확하여 건조시킨 딱딱한 생두를 양쪽에서 눌러서 2mm 압축하려 할 때 필요한 힘은 35kg에 달한다. 그런데, 생두를 로스팅하여 중간볶음 단계에 이르면 체적이 늘어난 만큼 밀도도 낮아져 4kg 정도의 힘으로도 그 정도의 압축이 가능하며, 강볶음 단계에서는 1kg 내외의 힘 만으로 압축되거나, 낮아진 밀도로 인해 아예 원두가 부서져 버린다.

부피 팽창의 결과로 만들어지는 조직 내 공동***은 로스팅 이후 다양한 휘발성 향미가 공기 중으로 발산되는 근원지가 되며, 물을 만나게 되면 수용성 성분의 용해, 확산 과정이 일어나면서 커피성분이 추출되는 현장으로 탈바꿈한다.

2) 색깔의 변화

생두 내에 함유되어 있는 아미노산과 단백질 등은 가해진 열에 의해 성분비가 높아지는 환원당과 결합하여 갈변화(Caramelization) 현상을 발생시킨다. 그 결과 로스팅 과정에서 아미노산은 거의 소진되며, 단백질 함량도 감소하게 된다. 로스팅이 진행되면 될수록 색은 더 짙어져 검은색에 가까워진다.

3) 크랙(Crack)

체적의 증가에 의해 조직이 더 이상 현재의 체적을 버티지 못하고 터지는 현상으로, 커피의 경우 두

---

* **자유수**(Free water) : 생두 내부에 함유된 순수한 물
** **결합수**(Bound Water) : 세포를 구성하거나 내부 물질과 결합되어 있는 고유의 액체 성분
*** **공동**(空洞) : 로스팅 이후, 부피가 팽창하면서 원두 조직 내에 발생하는 공간. 공동의 집합체를 벌집구조(Honeycomb)로 설명하기도 한다.

차례의 크랙이 발생한다.

• **1차 크랙** (First Crack)

로스팅 온도 180℃ 전후에서 "탁탁"하는 소리와 함께 원두의 센터컷이 벌어지기 시작한다. 시기와 지속 시간은 생두의 품종, 수분 함량, 조밀도, 공급되는 화력에 따라 약간의 편차가 있으나, 이 편차 역시 로스터가 추구하는 맛의 표현을 위해 컨트롤해야 하는 변수로 작용한다.

대부분의 경우에서 센터컷이 벌어지는 시기에 꽃향, 과일향과 같은 향미 성분이 폭발적으로 배출되며, 이 때 향미의 정점 여부가 결정되기 때문에 로스터가 각별히 집중하는 시점이기도 하다.

• **2차 크랙** (Second Crack)

로스팅 온도 202℃* 전후에서 "따닥따닥"하는 소리와 함께 원두의 표면과 내부 조직이 더욱 벌어지기 시작한다. 이 시기를 전후로 원두 표면의 주름은 완전히 펴지게 되며, 오일 성분이 조직 외부로 배어나오기 시작한다. 로스터의 의도에 따라 2차 크랙 전에 로스팅을 마치는 경우도 많다.

4) 무게의 감소

로스팅이 진행되면 될수록 원두의 체적은 커지지만, 수분의 증발, 은피(Silver Skin)의 배출 등으로 약 20% 전후의 중량이 감소한다. 무게를 판매 단위로 하는 커피 로스팅 사업의 경우, 로스팅 과정을 거치면서 발생하는 약 20%의 무게 손실이 원가에 바로 반영된다. 즉, 매장에서 볶은커피 100g을 구매한다는 것은 로스터가 120g 이상의 생두를 재료로 투입하였다는 것을 말한다. 서로 다른 산지의 커피를 분쇄하지 않은 홀빈(Whole Bean) 상태로 각각 100g을 구매하였을 때 봉지의 부피감이 서로 다른 것은 품종에 따른 원두의 크기 차이도 있겠지만, 로스팅 정도에 따라 체적의 팽창 정도가 서로 다른 경우라고 할 수 있다.

---

* 로스팅 프로파일은 로스팅머신의 구조적 형태에 따라 서로 달라진다. 즉, 직화식, 반열풍식, 열풍식 등 열원에서 커피생두에 열이 전달되는 형식이 서로 다른 점, 그리고 각각의 제조사마다 온도를 측정하는 지점의 수와 위치가 서로 다른 점은 크랙이 발생하는 온도가 머신별로 서로 다르게 측정되는 원인으로 작용한다.

5) 향미(Flavor)의 생성

추출 과정에서도 마찬가지 현상을 고려하겠지만, 커피는 가해지는 온도에 따라 내놓는 성분이 다르다. 생두의 상태에서는 곡물의 풋풋한 향기가 나는 데 반해 로스팅 과정을 거치면서 매우 다양하고 복잡한 향미 성분이 발생되는 것이다. 이러한 향미 성분은 로스팅 후반부에 집중적으로 발현되는데, 이 향미를 대기로 모두 날려보내지 않고 로스팅 머신의 화력과 배기 조절을 통해 커피원두가 최적의 향미를 품을 수 있도록 만드는 것이 로스터의 임무이다. 고유의 향미를 형성시키는 것은 로스팅 과정의 백미이며, 이에 실패한 원두는 상업적 가치를 상실하게 된다.

> **커피 용어로서의 향과 맛의 표현**
> - Fragrance : 볶은커피를 갈았을 때 나는 향기 (물과 만나기 전)
> - Aroma : 추출한 커피에서 나는 향기 (수증기를 함유)
> - Flavor : 추출한 커피에서 나는 향과 그 향이 어우러진 맛을 공감각적으로 표현하는 "향미(香味)"
>
> 단, 위 용어들은 혼용되기도 함.

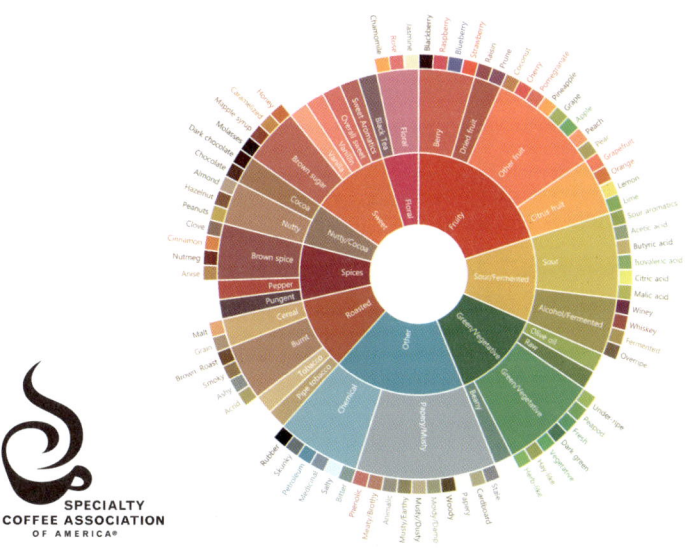

[그림 4] 커피 향미표 (출처 : 미국스페셜티커피협회)

6) 기타

이 외에도 로스팅 과정에서는 다양하고 복잡한 변화들이 일어난다. 이 모든 변화와 현상들을 컨트롤하기 위한 기술이 커피산업에 있어서 가장 핵심적인 요소이다. 로스팅 과정을 통해 생두에 잔존하는 은피는 부산물로 대부분 떨어져 나오게 되는데, 상업적 로스팅 머신의 경우 체계적인 처리를 돕는 구조를 가지고 있는 반면, 자가 홈로스팅의 경우에는 주변에 흩어진 은피의 청소 문제를 남긴다.

2. 로스팅 프로파일 (Roasting Profile)

커피 로스팅이 계획되는 단계에서 끝나는 시점까지 시시각각 최적의 의사 결정을 내려야 하는 수많은 사안들은 커피 맛을 결정하는 변수로 작용한다. 커피를 로스팅 함에 있어 다양한 변수를 어떻게 컨트롤 하느냐는 전문 로스터에게 있어서 반드시 해결해야만 하는 의무이다. 동시에 로스터의 커피 철학을 볶은커피로 표현하기 위한 강력한 툴(Tool)이기도 하다.

1배치(Batch) 생두량, 로스팅 시작 온도 설정, 로스팅 머신 예열 시간과 절차, 화력 배분, 배기 조절의 시기와 정도 및 공기 공급량과 흐름 제어, 로스팅 과정 종료 타이밍의 설정 등 수많은 변수가 어떻게 조합되느냐에 따라 천차만별의 결과물이 생산된다. 변수들의 조정을 통해 진행되는 로스팅 과정을 시간의 경과에 따른 온도 변화 차원에서 참고하기 위한 그래프가 로스팅 프로파일이다. 이 그래프는 각 생두별 특징을 살리기 위한 기준이자 일관된 맛내기의 지침이 된다.

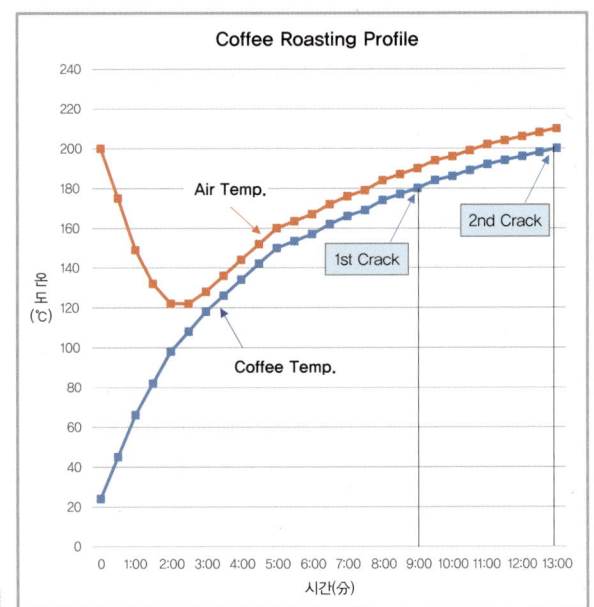

[그림 5] 커피 로스팅 프로파일

3. 볶음 정도에 따른 구분

1) 세심한 시점 선택

커피원두는 성인 엄지손가락 손톱 크기보다 작다. 이 커피원두가 실온에서부터 200℃를 초과하는 급격한 변화를 단시간에 겪게 되는 것이 로스팅 과정이므로, 원두의 성분은 초 단위 이하로 쉴 새 없이 변화한다. 그래서 어느 시점에서 로스팅을 종료할 것인가를 숙련된 동물적 감각에 의존하게 되는 경우도 많다. 그렇다고 그것이 요행을 바라는 도박이라는 얘기는 아니다. 지금까지 단련된 모든 지식과 감각을 동원하여 무조건 반사에 가까운 경지마저 요구되는 것이 바로 로스팅 과정이라는 의미다.

어느 유능한 로스터의 말을 빌자면 "로스팅은 금 밟기와 같다"고 한다.

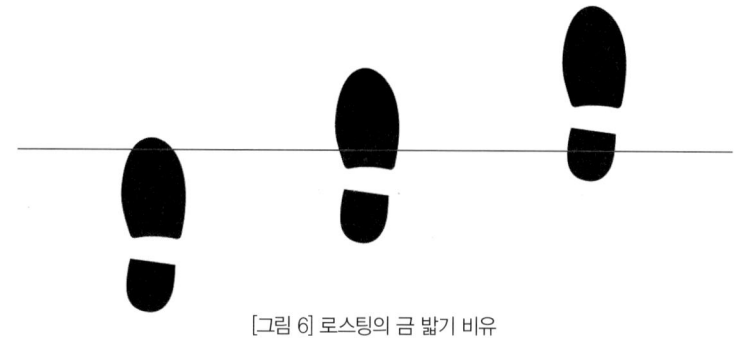

[그림 6] 로스팅의 금 밟기 비유

예컨대 과일향이 집중적으로 발현되는 정확한 시점을 '금(선)'이라고 가정해 보자. 로스터는 배기를 바로 그 시점에서 조절할지, 직전이나 직후에 조절할지, 직전이나 직후가 될 경우 어느 정도의 시간을 두고 진행할지에 대한 의사결정을 내려야 하는데, 이 모든 경우에 따라 결과물의 향미는 달라진다.

물론 상업적으로 유통되는 모든 커피가 장인의 경지에 가까운 로스팅 과정을 거치는 것은 아니다. 오히려 발달된 현대 기술과 축적된 노하우를 바탕으로 최적화된 로스팅 프로파일에 의해 대량 생산되는 커피가 압도적으로 더 많다. 그럼에도 불구하고 0.1%의 더 높은 완성도에 대한 도전을 커피가 허용하고 있는 한 로스터의 역할은 앞으로도 더욱 강조될 것이다. 명확한 과학적 이론을 바탕으로 더 많은 도전자가 자신의 철학을 커피로 펼쳐나가는 것이 필자의 바람이다.

2) 볶음 정도에 따른 구분

볶음 정도가 진행되면 될수록 원두의 색상은 갈색을 지나 점점 더 어두운 색상으로 변한다. 로스팅 시간이 길어질수록 내부 조직의 변화 역시 지속되며, 이는 결국 맛의 변화로 이어진다. 흔히 한국에서는 이른바 '로스팅 8단계'로 커피의 로스팅 진행 정도를 구분하고 있는데, 아래 예시와 같이 더 세분화된 기준을 적용하기도 한다.

로스팅을 표현하는 용어

로스팅(Roasting)	영어식	Light Roast	Midium Roast	Dark Roast
배전(焙煎)	일본어식	약배전	중배전	강배전
볶음	한국어식	약(한)볶음	중(간)볶음	강(한)볶음

일본식 조어(造語)인 '배전' 역시 널리 혼용되고 있으나, 본 도서에서는 한국어를 우선 표기하되, 영어식 표현도 병기함.

[그림 7] 볶음 정도에 따라 단계별로 보편화된 명칭

기술이 발달하고 사회가 분화하면서 색과 맛에 대한 추상적인 표현을 구체화하고 계량화할 필요성이 커피 분야에도 대두되었다. 이에 따라 볶음 정도와 색상, 맛 등 세 영역의 상호 연관관계를 볶은 커피의 색상에 따라 분류하는 방법이 널리 활용되고 있다.

커피 시료 색상의 파장을 측정하고 그 결과값을 수치로 나타내는 측정기계를 통해 볶음 단계를 객관화하고 있다. 미국의 Agtron社의 색도계는 그 대표적인 사례로, 이 측정계수를 미국스페셜티커피협회에서 커핑 기준*으로 삼고 있다. 그 외 독일, 일본 등지에서도 측정기계를 선보이고 있다. 색도계는 고가의 장비로, 보다 손쉽게 볶음 정도를 가늠할 수 있도록 색상타일(Roast Color Classification System, Roast Color Disk)이 제작되어 사용되기도 한다.

Roast Classification	Agtron No. (M-Basic 모델 기준)	Roast Color Disk Values
very light	95	Tile #95
light	85	Tile #85
moderately light	75	Tile #75
light medium	65	Tile #65
medium	55	Tile #55
moderately dark	45	Tile #45
dark	35	Tile #35
very dark	25	Tile #25

(출처 : 미국스페셜티커피협회)

[표 4] Agtron 수치에 따른 볶음 정도 구분표

Agtron 색도계

Roast Color Disk

[그림 8] 색도계와 컬러디스크

---

* 미국스페셜티커피협회 커핑 (Cupping) 時, 샘플 볶음 정도 기준 : 분쇄하지 않은 원두 상태 Agtron #58, 분쇄한 상태 Agtron #63

3) 볶음 정도에 따른 향기 발산의 전개

커피는 노출되는 온도대에 따라 서로 다른 성분의 향을 발산하게 된다. 곡물 상태의 생두에서는 풋내가 나며, 로스팅이 시작되면서 단향, 신향 등으로 대별되는 커피 특유의 향과 해당 산지만이 갖고 있는 고유향 등이 온도의 변화에 따라 순차적으로 발현된다. 로스팅 단계에 따른 향의 발산을 정리하면 다음과 같다.

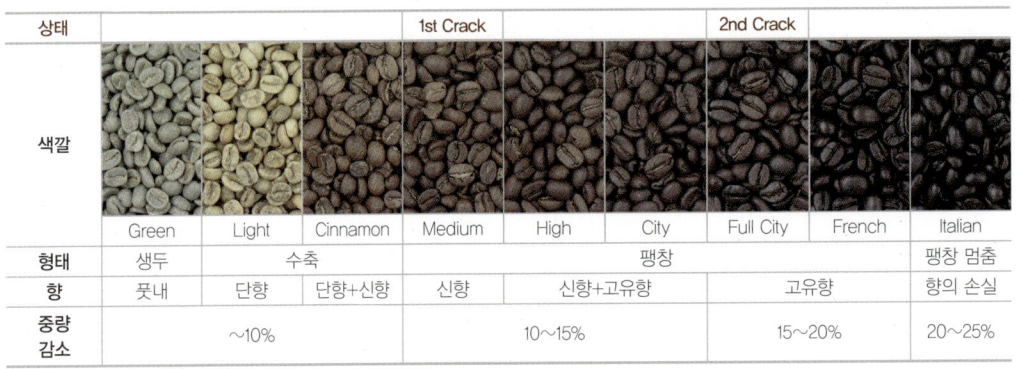

[표 5] 로스팅 단계별 향의 발산

4) 로스팅 전후의 커피성분의 변화

아라비카종 기준으로 생두와 볶은커피의 원두가 포함하고 있는 성분은 품종, 재배 조건, 가공 방법, 로스팅 방법과 정도에 따라 성분 함량에 있어 다소간의 편차가 발생한다. 이런 사실을 감안하되, 전체적인 성분 구성과 성분비를 참조하는 것만으로도 커피를 이해하는 데 큰 도움이 된다.

Component	Green Bean	Roasted Bean
Carbohydrates/Fiber (탄수화물/섬유질)		
Sucrose (자당)	6.0-9.0	4.2
Reducing Sugars (환원당)	0.1	0.3
Polysaccharides (다당류)	34-44	31-33
Lignin (리그닌, 목질소)	3.0	3.0
Pectins (펙틴)	2.0	2.0
Nitrogenous Compounds (질소화합물)		
Protein (단백질)	10.0-11.0	7.5-10
Free Amino Acids (유리아미노산)	0.5	ND
Caffeine (카페인)	0.9-1.3	1.1-1.3
Trigonelline (트리고넬린)	0.6-2.0	1.2-2.0
Nicotinic Acid (니코틴산)		0.016-0.026
Lipids (지질)		
Coffee Oil (Triglycerides with Unsaponifiables) 커피오일 (트리글리세라이드 불검화물)	15.0-17.0	17.0
Diterpene Esters (디테르펜 에스테르)	0.5-1.2	0.9
Acids and Esters (산과 에스테르)		
Chlorogenic Acids (클로로겐산)	4.1-7.9	1.9-2.5
Aliphatic Acids (지방산)	1.0	1.6
Quinic Acid (퀸산)	0.4	0.8
Melanoidins (멜라노이딘)		25.0
Minerals (미네랄)	3.0-4.2	4.5

[출처] Yi-Fang Chu, Coffee : Emerging Health Effects and Disease Prevention (2012)

[표 6] 로스팅 전후의 커피원두 성분표(백분율)

제3장

핸드드립 이론

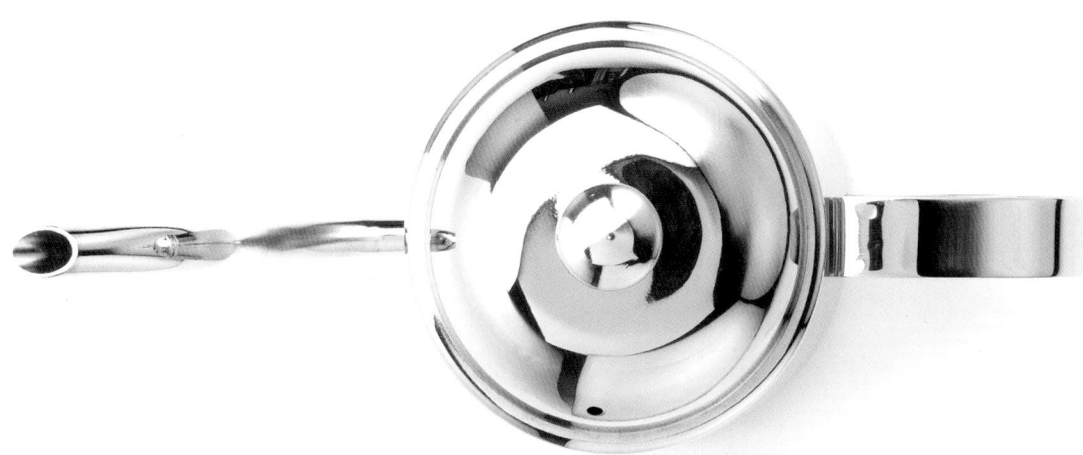

분쇄하지 않은 볶은커피 한 줌을 냄비에 넣고 30분을 끓여도 커피다운 커피를 얻을 수 없다. 그런데 단 10g의 분쇄커피를 핸드드립식으로 추출하는 것으로 한 잔의 온전한 커피를 얻는 일은 근사한 경험이다. 값이 비싸거나 많은 도구가 필요하지 않으면서도 세계 각국의 커피를 연하거나 진하게, 또는 뜨겁거나 차갑게 즐길 수 있는 방법이 핸드드립식 추출법이다.
'뜸들이기 30초, 3번 돌리면서 3회 물붓기하여 3분 이내에 150~200ml 추출'만으로는 결코 설명할 수 없는 핸드드립커피의 매력 뒤에는 철저히 과학적인 이론이 숨어 있다. 그것을 정석대로 풀어보고, 그 이론을 바탕으로 한 실전 Skill을 소개한다.

1. 물의 물리적 성질

물과 온도는 커피의 일생에 걸쳐 커피에 영향을 미치는 가장 중요한 두 가지 요소이다. 커피나무가 자라는 토양은 배수가 잘 되고 적정 강수량이 보장되어야 한다. 또 냉해가 발생하지 않는 기온대에 일조량이 적합한 지역이라야 커피나무가 잘 자란다. 커피 로스팅은 열을 이용하여 생두 내에 함유된 수분을 방출시킴과 동시에 조직의 팽창을 유도해내는 과정이다. 이 과정을 거쳐야 비로소 우리는 커피를 추출할 재료인 원두를 얻게 된다. 원두는 분쇄 과정을 거치고, 다시 물을 만나서 가장 효율적이고 최적화된 방법들을 통하여 자신이 지니고 있는 커피 성분을 내어줌으로써 그 길고 힘든 여정을 마무리하게 된다.

커피 추출은 원두가 물을 만나는 짧은 순간에 일어나는 과정이다. 에스프레소의 경우 25초 내외, 핸드드립은 3~5분 가량의 짧은 시간 동안 추출된 결과물을 커피로 마시게 된다. 특히 핸드드립의 경우 추출자가 직접 물주전자를 손에 들고 아날로그 방식으로 커피에 손수 물을 공급하게 되므로 물이 가진 특성을 올바르게 이해할 필요가 있다. 그래야 추출자의 의도대로 물을 조절할 수 있을 뿐만 아니라 맛내기에도 유리하기 때문이다.

커피의 핸드드립식 추출과 직접적으로 관련되어 있는 물의 특성은 다음과 같다.

> **용어 'Hand Drip'에 관하여**
> 일반적으로 커피 성분의 추출 용어로 Extraction을 사용하지만, 기계에 의존한 에스프레소의 추출에 해당하는 표현으로 그 범위가 특징지어지는 추세이다. 대신 물을 붓거나 우려내는 형태의 추출법은 Brewing으로 표기하며, 특히 자동화된 기계에 의존하지 않고 간단한 도구를 사람이 조작함으로써 추출하는 커피에는 Manual이란 표현이 붙는다. Manual Brewing은 핸드드립, 프렌치프레스, 사이폰, 클레버, 에바솔로 등 다양한 추출 방식을 포함하는 개념이다.(일부에서는 에어로프레스나 프레스와 같은 에스프레소 수동 추출기구를 포함하기도 한다.)
> 일본의 영향을 많이 받았던 한국은 핸드드립(Hand Drip)이란 직관적 표현을 주로 사용해 왔으며, 서구에서도 Pour Over, Manual Drip, Drip Brew 등과 함께 혼용되고 있다.

1) 응집성

물분자는 산소 원자와 수소 원자로 구성되어 있다. 각각의 물분자는 수소결합(Hydrogen Bond)이라는 매우 강한 인력으로 결합된 형태를 띄고 있는데, 이런 구조는 궁극적으로 물이 고유한 특성을 가지게 되는 근본 원인이다.

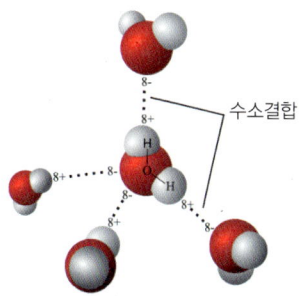

[그림 9] 물분자의 수소결합

응집력은 같은 분자 사이에 작용하는 힘이다. 물의 응집력은 물분자가 서로 끌어당기는 힘이자 물분자들이 모여 형체를 가진 물질(물)을 이루게 하는 물리적 힘이다. 응집력이 작용하는 결과로 발생되는 현상은 일상 속에서 항시 관찰이 가능하다. 이를테면, 나뭇잎 위의 서로 다른 물방울이 어느 순간 하나의 더 큰 물방울로 합쳐지는 현상은 물의 응집력을 쉽게 보여주는 사례이다.

[그림 10] 물의 응집력

커피의 핸드드립식 추출 과정에서 드립포트(주전자)를 떠난 물은 제 마음대로 방향을 설정하여 움직이는 것이 아니다. 즉, 분쇄된 커피가 담겨있는 드립퍼 내부를 자율적으로 휘젓고 다니는 것이 아니라 일련의 과학적 법칙에 의거한 질서 속에서 커피와 만나게 된다. 응집력은 핸드드립 과정에서의 소위 '물줄기'를 이루는 가장 근본적인 물의 물리적 성질이며, 이어지는 또다른 물의 성질을 이해하는 데 있어서도 기본이 되는 중요한 물리적 힘이다.

물의 응집력은 온도의 변화에 따라 달라지며, 온도가 높으면 높을수록 약해진다. 핸드드립을 시작하는 온도를 물의 끓는점 가까운 높은 온도*에서 시작하는 이유 중 하나는 물의 물리적 특성인 응집력을 약하게 하여 커피 성분을 더 잘 받아들이도록 하기 위함이다.

2) 부착성

비가 오는 날, 유리창에 부딪힌 빗방울이 그대로 튕겨져 나가지 않고 표면을 따라 흘러내리는 모습을 관찰할 수 있다. 같은 분자 사이에서 작용하는 힘이 응집력이라면, 부착력은 서로 다른 분자 사이에 작용하는 힘이다.

[그림 11] 물의 부착력

여름철 낮 동안 데워졌던 대기 중의 수증기가 밤새 식으면서 응집력이 높아지면 물분자들이 서로 모여 이슬을 만들게 된다. 이 이슬들이 점점 커져서 풀이나 야외에 설치한 텐트 면에 맺히게 되는 것은 물의 부착력이 작용해서이다.

핸드드립식 커피 추출에 있어서 첫 번째, 두 번째 물붓기에 의해 드립퍼로 공급된 1차, 2차 물은 응집력에 의해 서로 층이 지거나 유리되지 않고 선형적(Linear)으로 흘러 내려가게 된다. 이와 동시에 부착력은 분쇄커피와 만난 물을 커피 내부 조직까지 짧은 시간에 원활히 침투시키는 에너지이자, 이후 발생할 수용성 성분의 용해, 확산과 같은 화학적 변화를 견인한다.

---

* 워터드립커피의 경우 실온에서도 커피가 추출되는 이유는 물의 흐름을 최소화함으로써 추출시간을 극단적으로 늘여 커피의 수용성 성분이 장시간 물과 만날 수 있도록 하는 방법을 사용하기 때문이다.

3) 중력의 영향

에스프레소식 추출은 가열된 물에 기계의 힘을 이용하여 9기압과 같은 인위적인 고압을 가함으로써 커피를 추출하는 방식이다. 최근 우주에서 생활하고 있는 우주인들에게 에스프레소 머신이 제공되었다는 소식의 배경에는 무중력에서도 추출이 가능한 에스프레소 추출의 원리가 숨어 있다. 그러나 핸드드립식 커피 추출의 경우에는 물의 응집력과 부착력이 제대로 역할을 한다 하더라도 투입된 물에 중력이 작용하지 못하면 추출 과정의 전개 자체가 불가능하다.

핸드드립식 커피 추출에 있어 중력으로 고려할 수 있는 중요한 현상은 '투입된 물을 아래로 당기는 역할'과 '투입된 물의 표면을 수평으로 유지시키는 역할' 등 두 가지이다. 이 두 가지의 자연현상에 대한 이해를 바탕으로 이 현상들을 얼마만큼 최적화하여 실전에서 활용할 것인가를 결정하는 것은 추출자의 몫이다.

• 투입된 물을 아래로 당기는 역할

너무나도 당연한 현상으로 생각되지만, 핸드드립식 추출에 있어서는 한 번 드립포트를 떠나 물붓기가 시작된 물은 처음에 물붓기를 했던 물이든, 두 번째 물붓기에 의해 투입된 물이든 모두가 같이 입체적으로 중력의 영향을 받는다는 사실을 항시 염두에 두어야 한다.

추출자가 중력을 항시 염두에 두어야 하는 특별한 이유는 커피 추출을 위해 물이 투입되는 공간의 모양새, 즉 드립퍼의 구조적인 특성 때문이다. 대부분의 드립퍼는 상부가 넓고 하부는 좁다. 또 물이 빠져나가는 구멍의 모습과 개수도 서로 달라 변수로 작용한다. 분쇄도에 따라 달라지는 커피입자의 크기도 변수이다. 즉, 입자의 크기에 따른 공극의 차이를 고려하여 응집력과 부착력을 이겨낼 수 있는 정도의 물의 무게를 올려주어야 한다는 것이다. 그렇지 않으면 추출이 원활하지 못한 상태, 곧 드립퍼의 분쇄커피가 물을 머금고만 있는 상태가 된다. 이럴 경우에는 잡미까지 추출되는 과다추출 현상이 일어날 수 있다.

이 모든 상황을 극복하고 최적의 커피를 얻을 수 있게 하는 가장 기본적인 힘이 중력이며, 이 힘을 우리는 공짜로 사용한다. 중력이 어떻게 작용되었느냐에 따라 핸드드립커피의 품위가 달라지지만, 동시에 그것은 핸드드립식 커피를 더욱 흥미롭고 매력적으로 만들어주는 기본 요소이기도 하다.

• 투입된 물의 표면을 수평으로 유지시키는 역할

아래는 뉴턴의 만유인력의 법칙을 설명하는 공식이다. 서로 다른 질량을 가진 두 물체에 작용하는 힘은 서로 같으며, 질량의 곱에 비례하고, 거리의 제곱에 반비례한다. (G : 뉴턴상수)

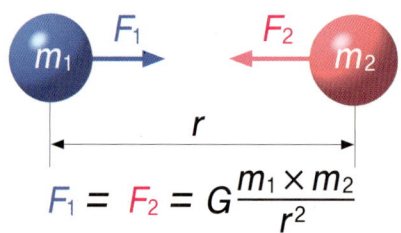

$$F_1 = F_2 = G\frac{m_1 \times m_2}{r^2}$$

이 공식은 결국 두 물체에 작용하는 힘이 거리에 의해서만 달라질 수 있음을 보여준다.

해변에 서서 바다를 바라본다고 가정하자. 좌측보다 우측 바다 표면이 항상 높을 수는 없다. 만유인력의 법칙상 지구 중심으로부터 같은 거리에 있는 물체가 받는 인력은 같으므로 유동성을 가진 액체는 동일한 중력을 받으면서 안정될 때까지 움직인다. 이 결과 그릇에 담은 물의 수위는 지구 표면과 나란하게 평평하다. 또 산꼭대기에 내린 빗물은 골짜기를 따라 아래로 흘러내리기 마련이고, 더 이상 흘러갈 수 없는 가장 낮은 평지에 모여 결국 수평을 이룬다.

핸드드립식 추출을 위해 드립퍼로 투입된 물은 스스로 수평을 이룰 때까지 유동한다. 만일 분쇄커피를 드립퍼에 담을 때 표면이 고르지 않게 담아놓고 물붓기를 시작한다면, 물을 투입하자마자 가장 낮은 곳으로 물이 흘러가 수평을 이루며 고인 뒤 아래로 흘러내려 갈 것이다. 또 고였던 물이 흘러내려 가는 만큼의 부피를 채우기 위하여 다른 곳의 물마저도 계속 흘러내려 올 것이다. 이 경우 물이 고이는 부분 아래의 커피입자들은 더 많은 물을 만나고, 그렇지 않은 부분은 더 적은 물을 만나게 된다. 이렇게 되면 추출수율*의 균형이 깨어질 것이고, 최상의 커피를 얻는 데 실패하게 될 것이다.

중력은 커피의 핸드드립식 추출이 가능하게도 하지만, 이 힘을 제어하지 못할 경우에는 품위가 떨어지는 커피를 추출하는 결과를 낳는다.

---

* **추출수율** : 추출에 사용한 커피 양에서 얼마만큼의 커피 고형분(커피성분)이 추출되었는지에 대한 백분율을 말하며, 추후 상세히 고찰함.

물붓기를 진행하는 드립포트의 높이를 높일수록 물의 위치에너지가 커진다. 그러면 드립퍼로 떨어지는 지점의 물 힘이 강해져서 분쇄커피의 표면을 파헤치거나 먼저 투입된 물의 표층부 아랫부분까지 도달하게 된다. 이 경우 농도가 서로 다른 물이 드립퍼 내에서 불필요하게 유동하는 부작용을 낳기도 한다.

중력에 관한 고찰은 핸드드립식 추출의 전 과정에서 언급되어야 하는 부분이므로 계속 관심을 기울일 필요가 있다.

2. 커피 추출 과정에 적용되는 기초 이론

모든 방식의 커피 추출 과정에 적용되는 이론 중에서 용해, 확산, 포화상태, 추출수율의 개념을 이해할 필요가 있다. 이는 핸드드립식 추출법에도 역시 적용된다. 차회 물붓기 시기를 판단하는 기준은 눈대중이 아니다. 과학적 근거를 바탕으로 한 원리를 이해하면 물붓기 과정에서 진행되는 시시각각의 의사결정에 더 큰 도움을 받을 수 있다.

1) 용해(Dissolution)

일반적으로 '녹는다'의 의미로 생각할 수 있다. 용질(커피 고형분*)이 용매(물)에 녹아 섞이는 것을 말한다.

[그림 12] 용해

---

* **커피 고형분** : 물을 제외한 커피 성분

추출된 커피에 함유된 성분은 다양한 변수들에 의해 그 수치가 달라지는데, 커피의 품종, 재배조건 등 태생적인 부분에서부터 로스팅 방법과 정도, 추출 방법의 선택, 추출 시간, 물의 온도, 여과 도구(Filter)의 재질 등에 따라서도 성분비는 달라진다.

일반적인 상황 하에서 고려할 때, 핸드드립식 추출법으로 100ml의 커피를 추출하였다면 그 커피 속에는 2~6g 정도의 커피 고형분이 함유되어 있으며, 나머지는 물로 파악되고 있다. 함유된 고형분을 분석하면 대체로 아래와 같다.

Caffeine (카페인) : 50-380mg
Chlorogenic Acids (클로로겐산) : 35-500mg
Trigonelline (트리고넬린) : 40-50mg
Soluble Fiber (수용성 섬유질) : 200-800mg
Protein (단백질) : 100mg
Lipids (지질) : 0.8mg
Minerals (미네랄) : 250-700mg
Niacin (니아신) : 10mg
Melanoidins (멜라노이딘) : 500-1500mg
Volatiles (휘발성분)

[그림 13] 한 잔의 커피

[출처] Yi-Fang Chu, Coffee : Emerging Health Effects and Disease Prevention (2012)

맨 아래에 언급된 휘발성 성분은 다양하고 강력한 향미 성분을 포함하고 있으며, 이 성분이 인간에게 심리적인 안정감을 주는 작용을 한다는 주장도 있다.

2) 확산(Diffusion)

강의실 한 쪽 구석에서 한 사람이 담배를 피면, 시간이 흐름에 따라 점차 먼 곳에 있는 사람도 담배 냄새를 맡을 수 있게 된다. 이 현상이 확산이다.

확산은 밀도 차이나 농도 차이에 의해 물질을 이루고 있는 입자(분자)들이 밀도(농도)가 높은 쪽에서 낮은 쪽으로 퍼져나가는 현상을 가리킨다. 이와 함께 물리적인 힘의 도움 없이 용매 전체에 골고루 분포될 때까지 분자 스스로 퍼져가는 과정으로 설명하기도 한다.

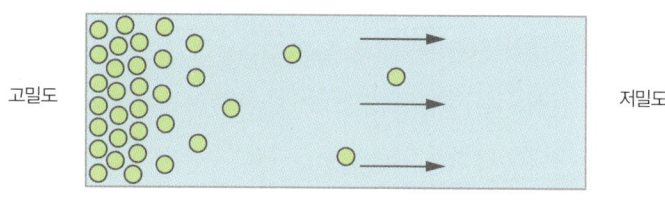

[그림 14] 확산

  추출에 의해 커피를 얻을 수 있도록 만들어주는 가장 근본적인 현상이 용해라면, 맛있는 커피를 만들기 위해 용해 작용을 최적화된 과정으로 인도하는 일련의 체제는 확산작용을 이용하는 과정에서 이루어진다. 구체적으로 말하자면, 분쇄커피가 담겨진 드립퍼에 물을 투입하면 커피의 수용성 성분이 용해되기 시작한다. 이때 우리는 커피 성분이 용해된 물을 그대로 두는 것이 아니라 상부에 새로운 물을 추가로 부입(두 번째 물붓기)하게 된다. 그 결과 이미 커피 성분을 받아들여 농도가 짙어져 있는 물로부터 확산이 일어나고, 새 물로 커피 성분을 전달시키는 일련의 추출과정이 반복적으로 일어나게 되는 것이다.

  추출자가 의도하는 만큼의 적절한 농도에 도달한 물은 중력 즉, 상부에 추가로 투입된 물 무게에 의해 눌러지게 되고, 아래로 흘러 드립퍼를 빠져나오게 된다. 추출자가 확산 정도를 어느 선에서 허용할 것인가는 단위 시간 당 투입된 물의 양과 그 물에 주어지는 추출 시간을 길게 하거나 짧게 조정하는 방법을 통하여 결정할 수 있다. 일정한 속도로 확산이 진행되는 드립퍼 내부의 추출체제에 익숙해진다면, 추출자가 의도하는 커피 맛에 한 걸음 더 가까워지는 것이다.

3) 포화상태(Saturated Condition)

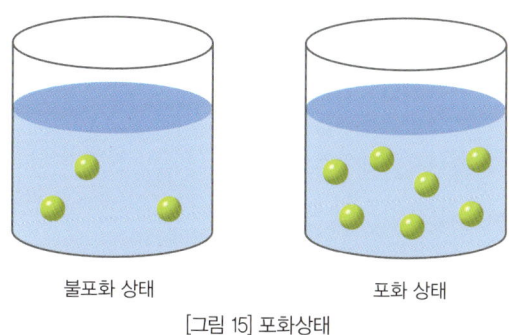

불포화 상태   포화 상태

[그림 15] 포화상태

대기중의 습도는 100%를 넘을 수 없다. 이를 포화상태라 일컬으며, 수분 성분이 대기 중에 더 추가될 수 없는 상태, 즉 더 이상은 수분을 받아들일 수 없는 상태를 뜻한다. 커피의 추출에 있어 포화상태는 물이 커피와 만나는 시간이 이미 충분히 경과하여 물이 받아들이는 커피 성분에서 더 이상의 확산효과를 기대할 수 없는 상태를 말한다. 따라서 추출과정이 지속적으로 진행되기 위해서는 새로운 물을 공급해 줄 필요가 있다.

단, 커피 추출은 시간의 흐름에 따라 선형적으로 일어나는 현상임과 동시에 맛있는 성분만 추출되도록 추출 타임을 최적화할 필요가 있는 영역이다. 따라서 여기에서는 포화상태란 유효향미를 받아들이는 정도의 개념으로 이해하기를 권한다. 추출 과정의 이해를 돕기 위해 유효향미와 잡미의 개념을 도입해 보자.

- 유효향미(有效香味) : 커피의 향미 요소 중, 긍정적인 평가를 받을 수 있는 향미
- 잡미(雜味) : 적절하지 못한 추출 환경에서 발현되며, 부정적인 평가를 받을 수 있는 향미

이른바 '진한 커피'는 유효향미로써 농도가 짙은 커피를 뜻한다. 불필요한 잡미의 영역마저 추출하게 될 경우 잡미가 유효향미를 우선하여 감지되면서 불쾌한 커피가 될 수 있다.

3. 커피 추출(Brewing) 개념

1) 볶은커피의 조직 구조 이해

앞서 우리는 곡물 상태의 커피에 열을 가하여 로스팅을 진행하면 부피가 커지고 중량이 감소하며, 내부 조직에 함유된 성분도 변화한다는 사실을 확인했다. 로스팅 된 커피가 물을 만나면서 커피 성분을 내놓게 된다는 것도 밝혔다. 이 과정에서 커피 성분들이 용해와 확산을 거쳐 추출되는 현장을 면밀히 고찰할 필요성이 대두된다. 추후 추출자가 실제로 핸드드립식 커피를 추출할 때 계획된 추출 의도를 보다 주도적으로 실행하는 데 있어 자신감을 줄 것이다.

다음은 볶은커피를 전자현미경으로 촬영해서 확대한 사진이다.

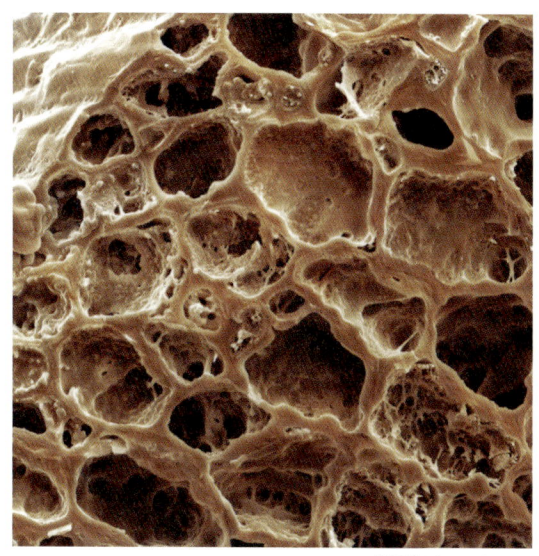

[출처] telegraph.co.uk

[그림 16] 볶은커피의 전자현미경 확대사진

• 공동(空洞)

벌집구조(Honeycomb)로 비유되는 공동(空洞)에 대한 이해는 커피 추출을 이해하는 가장 기본 틀이다. 로스팅 과정에서 부피가 커진 볶은커피 조직에는 벌집 모양의 수많은 공동이 표면 아래에 생성되어 있다. 이 공동은 물리적으로는 공간(Space)에 해당한다. 그 속에는 가열 과정에서 발생하는 이산화탄소를 포함한 공기 성분과 더불어, 로스팅 과정에서 커피 조직 내에 급격히 축적된 다양한 휘발성 향미가 로스팅 직후부터 조직을 빠져나와 1차적으로 모여 혼재되어 있다. 공동에 모이거나 분쇄에 의해 깨어진 공동을 벗어나는 휘발성 향미는 추출 시 물에 용해되어 해당 산지의 특징을 표현하는 중요한 요소가 된다.

커피 분쇄 직후에 커피향이 더 짙어지는 이유

단순히 공기와 만나는 표면적이 넓어지기 때문이라고 설명할 수 있겠으나, 공동의 개념 하에서는 한 걸음 더 깊은 설명이 가능하다. 즉, 분쇄기를 통해 분쇄되는 순간, 외부로부터 닫힌 조직을 형성하던 공동의 벽이 다수 깨어지게 되고, 그 공동 내부에 포화상태로 균형을 이루며 존재하던 각종 향미 성분이 공기 중으로 빠르게 확산되면서 향을 더 느끼게 된다. 그럼에도 불구하고 여전히 조직 내부에는 수많은 공동과 향미 성분이 존재하며, 물과 만나면서 용해와 확산 과정을 통해 추출된다.

커피의 분쇄를 더욱 미세하게 하면 할수록 깨어지는 공동의 수는 훨씬 더 많아져서 분쇄 직후에 더 많은 커피향을 느낄 수 있으나, 공기 중에 방치할 경우 더 많은 향미 손실로 인하여 추출을 기다리는 커피로서의 가치는 더 빨리 떨어지게 된다.

미세하게 분쇄해야 하는 에스프레소 전용 그라인더를 예로 들어보자. 분쇄커피를 일시적으로 보관하는 형태의 도저(Doser) 구조가 갈수록 쇠퇴하고 분쇄 즉시 포터필터로 바로 받는 전자동 그라인더의 비중이 높아지는 추세이다. 그 이유는 편리함 때문이기도 하지만, 도저 방식보다는 전자동 방식이 커피의 향미 보존에 훨씬 유리하다는 사실이 작용하고 있다.

휘발성 향미의 허와 실

로스팅이 종료된 직후부터 약 24시간 동안은 휘발성 향미가 폭발적으로 원두를 빠져나오게 되며, 이로 인해 커피 조직에는 향미 손실이 발생하게 된다. 반면 불안정한 휘발 성분비가 낮아지면서 비로소 조직이 안정되는 '숙성'의 단계에 접어든다.

수 년 전만 하더라도 볶은커피가 가장 맛있는 시점은 볶은 지 3일 째가 정점이며, 그 이후로는 산패에 의해 갈수록 맛이 떨어진다는 의견이 명확한 검증 없이 회자되었다. 그러나 최근에는 5일~1주일 전후, 혹은 1주일~열흘을 정점으로 표시하는 도서들도 많아졌다.

이를 두 가지 차원으로 해석하자면 다음과 같다. 먼저 자가로스팅을 경험하는 인구가 많아짐에 따라 '3일'의 공식이 반드시 적용되는 것은 아니라는 사실에 동의하게 되었다는 것이다. 로스팅 직후부터 3시간, 혹은 24시간 이내에 추출할 때만 맛볼 수 있는 향미가 있다. 이 향미는 그 시간이 지나면 휘발되어 없어지기 때문에 다음날 추출하면 맛볼 수 없는데, 문제는 이 향미가 모두 잡미는 아니라는 데 있다. 이를 긍정적으로 경험한 커피인들에 의해 더 다양한 시도와 가능성의 문이 열리면서 3일 공식이 깨어지고 있다.

다음으로, 휘발성 향미에 속하는 성분들도 각 성분별 분자의 운동에너지 차이로 인해 휘발 활성도가 서로 다르다는 점에 주목할 필요가 있다. 이로 인해 로스팅 직후부터 24시간, 24시간 이후~3일, 3일~6일, 6일~보름, 보름 이상 등의 기간 동안 발현되는 성분 역시 시기별로 구분된다. 즉, 모든 향미 성분이 시간의 흐름에 따라 일률적이고 비례적으로 휘발하지는 않으며, 따라서 각각의 성분을 유효향미와 잡미로 명확히 나누는 기준은 여전히 일반화되기 힘든 영역이라 하겠다.

일례로 로스팅 3시간 경과 직후 3℃로 냉장하여 온도 변화 없이 1년의 숙성 과정을 거친 원두를 분쇄하여 핸드드립 추출한 결과, 로스팅 직후 1주일 이내에 추출하는 것과 같은 형상으로 부풀어 오르는 것을 시각적으로 확인하였으며, 산패가 일어났을 때 느껴지는 특유의 부정적인 잡미 없이 해당 산지 고유의 맛이 매우 잘 표현된 바 있다. 이는 산지의 맛을 특징짓는 필수 휘발 성분의 운동에너지를 온도 변화가 억제된 저온의 환경에서 최소화시키고, 유동물질(유성분 등)의 점도를 높여 조직 내부에 잠재된 형태로 변화를 억제함으로써 향미를 이루는 기본 요소가 긍정적으로 숙성되며 유지된 결과라 하겠다.

2) 추출체제

공동에 침투한 물에 커피 성분이 용해된 뒤 이 물이 남김없이 공동을 빠져나오고, 연이어 투입된 새 물이 말끔해진 공동으로 들어가서 다시 커피 성분을 받아들이는 것은 아니다. 일부는 치환되고 일부는 확산에 의해 커피 성분이 전달되는 현상이 수없이 반복되며 추출이 진행된다.

물이 투입되자마자 즉시 추출이 진행되는 것도 아니다. 물분자는 로스팅 과정을 통해 함수율 3% 미만의 건조한 상태에 있는 분쇄커피 조직 내부로 침습(浸濕)하며, 건조한 분쇄커피는 추출을 매개할 수분을 먼저 흡수하게 된다. 핸드드립식 추출에서는 이 현상을 '뜸들이기*'과정으로 활용하고 있다. 커피 조직이 더 이상의 물을 받아들일 수 없는 한계에 도달하고, 추출이 본격적으로 일어나기 전의 잉여 물은 그대로 흘러내려가게 된다.

제3장의 핸드드립 실전에서 보다 상세히 고찰하겠지만, 뜸들이기는 추출 여건에 따라 융통성을 발휘할 필요가 있는 부분이다. 30초가 좋다, 40초가 좋다, 한 번 하는 것이 좋다, 두 번 이상 하는 것이 좋다, 혹은 드립퍼에서 물이 떨어지지 않도록 하는 것이 좋다, 물이 10방울 정도 떨어지는 것이 좋다 등의 막연한 판단기준보다 해당 커피의 산지(조직 성분의 특징)와 로스팅 정도(공동의 크기), 분쇄 굵기(노출되는 공동의 수, 물과 만나는 표면적), 물의 온도(응집력과 부착력의 조절), 드립퍼 하부에 물이 이르는 시간차 등 과학적이고 설득력 있는 기준에 따라 설정하는 것이 좋다.

[그림 17] 핸드드립커피의 추출

---

* **뜸들이기** : 핸드드립식 추출 과정에서 드립퍼에 담긴 분쇄커피에 최초로 물을 부여하는 과정으로서, 분쇄커피가 모두 젖을 정도의 물을 투입하고 20~40초 가량의 대기 시간을 주는 과정을 말한다.

3) 추출 과정

① 공동 내부로 물이 스며드는 단계

'뜸들이기' 단계에 해당하며, 분쇄커피에 처음으로 물이 투입되는 단계이다. 공동이 뜨거운 물을 받아들이는 순간 공동 내부의 압력이 급격히 올라감과 동시에 커피 자체의 수용 성분과 공동 내부의 이산화탄소 등의 공기 성분, 휘발성 향미 성분 등이 물에 용해되거나 치환된다. 특히 물에 용해되지 못한 공기 성분과 휘발성 향미 성분은 분쇄커피를 벗어나 상부로 올라오며 거품층*을 형성하게 된다.

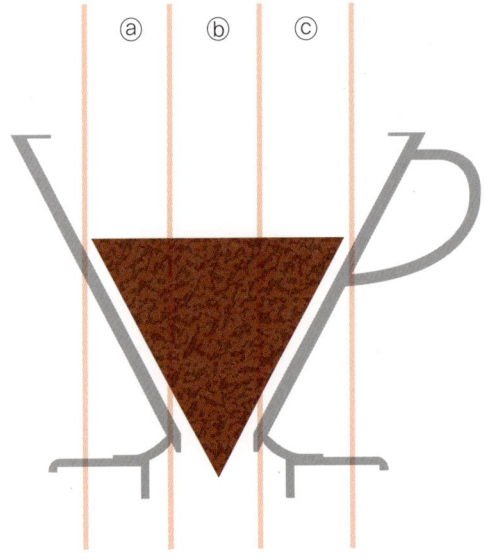

[그림 18] 분쇄커피가 담긴 드립퍼의 종단면

거품층의 가운데 중심부(ⓑ구간)의 높이가 봉긋하게 더 높은 이유는 분쇄커피가 담겨져 있는 드립퍼의 모양이 아래가 좁아지는 원추형인 데 기인한다. 종단면 상의 수직 분포량을 감안할 때, 중심부로 갈수록 분쇄커피의 절대량이 많다.

---

* **거품층** : 그 모양이 부푼 빵처럼 보인다 하여 속칭 '커피빵'으로도 불리는 것으로 핸드드립식 커피 추출시 분쇄커피 상부에 봉긋한 거품층이 형성되는 것을 말한다. 로스팅 이후 시간이 지속될수록 커피 조직 내부의 휘발 성분의 발산이 더 진행되므로, 뜸들이기 단계에서 물과 치환될 성분이 적어 거품층도 그 규모가 작게 형성된다.

따라서 더 많은 공동을 빠져나온 공기 성분과 휘발성 향미 성분이 상부에서 거품층을 형성하게 되어 중심부가 높은 봉긋한 형태를 보인다. 이 거품은 대기와 만나 표면의 수분이 증발하고, 하부로부터 연이어 올라오는 공기압 등으로 인해 표면장력의 균형이 깨어질 때 터지게 된다.

로스팅 후 경과(보관) 시간이 길어질수록 공동 내부에 잔존하는 공기 및 휘발성 향미 성분의 양도 줄어들며, 형성되는 거품의 양도 점차 적어지게 된다.

② 수용성 성분의 용해와 확산

공동을 포함한 분쇄커피 조직 내부까지 물이 충분히 닿게 되면 커피의 수용성 성분의 용해가 본격적으로 전개된다. 용해된 커피 성분은 조직 내의 확산, 물분자 내의 확산을 통하여 추출되며, 이 원리에 따라 커피 추출 과정이 진행된다.

아래는 이해를 돕기 위해 과정을 단순화하여 표시한 그림이다.

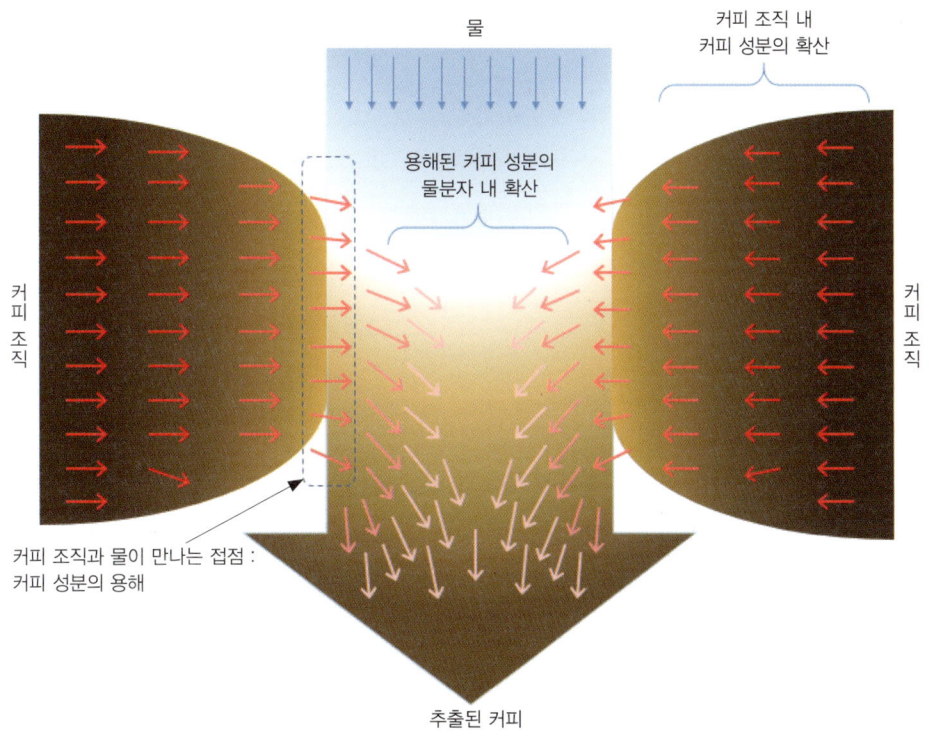

[그림 19] 커피 성분의 용해와 확산 개념도

유속이 너무 빨라지면 충분한 용해와 확산이 진행되지 않은 상태에서 물이 커피 영역을 벗어나게 됨으로써 농도가 연한 커피가 추출된다. 반대로 유속이 필요 이상으로 느리면 드립퍼 상부에서 이미 포화상태인 액체가 하부의 커피를 만나게 되기 때문에 잡미가 추출될 소지가 크다. 따라서 고농도 커피에 있어서 가장 이상적인 추출은 드립퍼를 벗어나 추출이 마무리된 커피가 유효향미(긍정적인 맛의 향미)의 포화상태에 근접한 상태라 할 수 있다. 추출커피의 농도와 관련해서는 다음 장인 추출변수의 이해에서 더 자세하게 고찰하자.

4) 추출수율(Solubles Yield)

① 추출수율

특정 산지의 커피를 선택하고, 볶음 정도, 추출에 사용할 커피량, 분쇄도, 드립퍼의 선택, 여과지의 선택, 물의 온도, 물의 양, 유속 등의 요소들이 커피를 추출하기 이전 단계에서 의사결정해야 할 변수들이라면, 이러한 변수들의 조합 결과에 따라 추출된 커피를 분석하는 데 있어 결과론적으로 접근할 수 있는 이론이 추출수율이다.

추출수율은 아래 식으로 나타낼 수 있다.

$$\frac{\text{추출된 커피 고형분}}{\text{사용된 커피량}} \times 100$$

이 공식은 커피를 추출하기 위해 사용된 원두량에서 얼마만큼의 커피 성분이 추출되었는가를 백분율로 나타낸 것으로, 이는 곧 효율(Efficiency=Output/Input)의 문제이기도 하다.

일반적으로 커피에서는 약 30%의 수용성 성분 중 18~22%의 커피 성분이 추출되었을 때를 적정수율로 보고 있다. 그러나 실제로 적정 수율폭 4%는 매우 넓은 구간이며, 추출 상황에 따라서는 유효향미 외 잡미가 일찍부터 포함되어 추출되는 경우도 있을 수 있다. 따라서 개인의 취향 차이를 어느 정도 반영한 수치로 이해하는 것이 바람직하다.

② 농도(Concentration)

커피의 농도는 기준이 되는 커피 추출량에 얼마만큼의 커피 성분이 함유되어 있는지에 대한 정도를 말하며, '진한 커피' 혹은 '연한 커피'로 표현된다.

추출수율과 농도는 별개의 문제이다. 머그컵에 300ml 정도의 뜨거운 물을 채운 다음 인스턴트커피 한 봉지를 넣고 스푼으로 저어 녹여보자. 이 때 잔유물 없이 모두 용해되었다면 이 인스턴트커피의 추출수율은 100%이다. 맛을 보니 다소 연한 커피여서 또 다른 한 봉지를 더 넣고 스푼으로 잘 저어 모두 녹였다면 이 역시 추출수율은 100%이다. 반면에 농도는 300ml에 함유된 커피의 성분 비율이므로 두 배가 된다.

이 예시는 추출수율과 농도와의 상관관계를 설명하기 위한 극단적인 사례다. 그러나 핸드드립식 커피 추출에서 농도와 추출수율은 추출자가 추출 과정의 다양한 변수들을 조합한 결과이자 추출된 커피의 최종 목적지가 된다. 그것은 추출 과정의 각 변수들을 결정의 판단기준이 되므로 매우 중요한 개념이다.

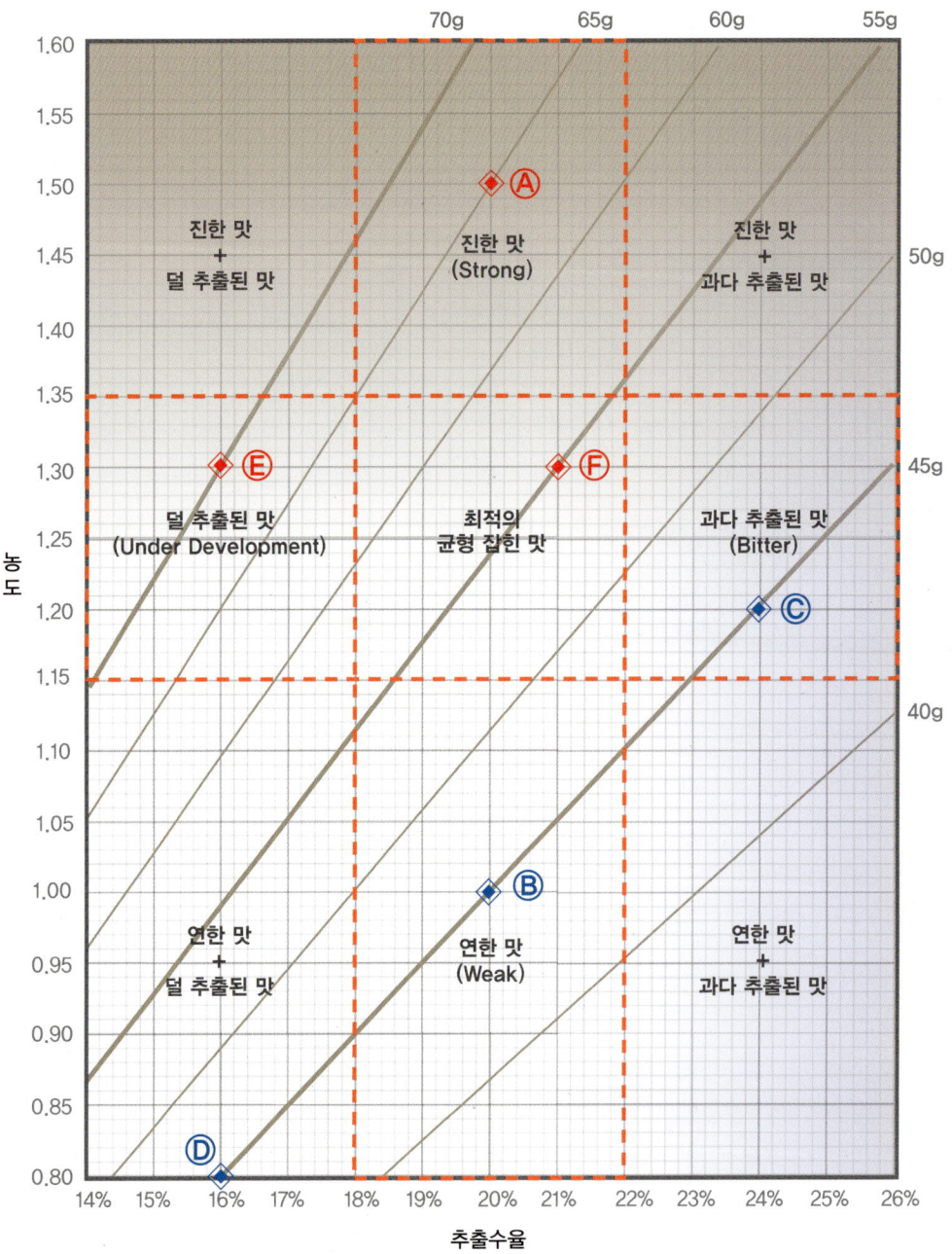

[표 7] 추출수율표(I)

5) 추출수율과 농도, 맛의 상관 관계

지금까지 설명한 이론과 원리들을 종합하여 추출수율표를 통해 추출체제를 정리해 보자. 앞서 우리는 사용된 커피량에서 추출된 커피 고형분과 추출수율 사이의 관계는 아래의 공식과 같다는 사실을 확인하였다.

$$추출수율 = \frac{추출된\ 커피\ 고형분}{사용된\ 커피량} \times 100$$

우리는 최종 추출물 분량을 1리터로 동일하게 설정하고, 추출에 사용할 커피량을 40g, 45g, 50g, 55g, 60g, 65g, 70g 등으로 점차 늘여가며 커피를 추출할 것이다. 또한, 40g을 사용하여 추출하면서도 몇몇 추출변수를 조절하여 서로 다른 농도의 추출 결과물을 얻은 뒤, 추출된 커피 고형분을 각각 측정하여 추출수율을 계산해 낼 것이다. 이로써, 사용된 커피량과 농도, 추출수율과의 상관관계를 하나의 도표로써 나타낼 수 있는데, 이것이 바로 추출수율표(Coffee Brewing Control Chart)이다.

아울러, 이 도표의 각 영역에서 표현되는 맛의 경향을 확인한다면, 추출변수들이 맛에 어떤 영향을 미치는가에 대한 일종의 시스템을 이해할 수 있다. 즉, 핸드드립식으로 커피를 추출함에 있어서 목적하는 최종 추출물의 맛을 염두에 두고 농도를 어떻게 조절할 것인지를 결정한다면, 추출에 사용할 커피량과 각종 추출변수를 논리적으로 조절하는데 큰 도움이 된다.

추출수율표 상의 여섯 개 지점 Ⓐ~Ⓕ 위치를 아래와 같은 사례들로 이해해보자.

사례 1
65g의 커피를 사용하여 추출하되, 추출수율 20% 선상의 Ⓐ지점에 해당하는 커피를 얻었더니, 균형감 있는 진한 커피가 되었다. 이번에는 커피량을 줄여서 45g(Ⓑ지점)을 사용하였더니, 균형감은 유지되나 연한 맛의 커피가 되었다.

사례 2
한편, Ⓑ지점과 같은 45g을 사용하되, 더 가늘게 분쇄하고 추출시간을 늘여 더 많은 커피 고형분이 추출되도록 하였더니 농도가 짙어졌는데(Ⓒ지점), 잡미마저 포함된 쓴맛이 두드러졌다.

사례 3	비교를 위해 같은 45g을 사용하면서, 이번에는 더 굵게 분쇄하고 추출 시간을 줄였더니, 커피 고형분 양이 줄어 추출수율이 낮아졌고(ⓓ지점), 맛은 연하면서도 추출이 제대로 진행되지 못한 맛이 되었다.
사례 4	농도를 높이기 위해 커피량을 70g(ⓔ지점)까지 늘이는 대신, 사례3과 같이 분쇄도는 굵게, 추출 시간 등을 조절하여 추출수율을 16%로 유지하도록 하니, 농도는 적정 수준까지 상승하였으나 늘어난 커피량에 비해 추출이 제대로 진행되지 못해서 유효향미가 적은 맛이 났다.
사례 5	사용되는 커피량만 늘이는 방법으로는 최적의 맛을 구현하기에 부족하였으므로, 커피량을 55g으로 다소 줄이는 대신, 분쇄 굵기를 조금 가늘게 하여 물과 만나는 표면적을 넓히고 추출 시간을 조절하여 물과 만나는 시간도 다소 늘였더니, 커피 고형분 양이 늘어남과 동시에 추출수율이 21%(ⓕ지점)로 설정되며, 균형 잡힌 맛의 커피가 되었다.

즉, 커피량을 많이 사용하는 방법만으로 최상의 커피 맛이 표현되는 것은 아니며, 적절히 주어지는 시간 내에 최적의 분쇄도 등의 변수 조정이 이루어진다면, 상대적으로 적은 커피량으로도 균형 잡힌 맛있는 커피를 얻을 수 있음을 추출수율표를 통해 이해할 수 있었다.

추출된 커피의 맛과 관련해서 위의 사례들을 간략히 정리하자면, 균형이 잘 잡힌 커피의 영역에서 진하게(혹은 연하게) 마시려면 추출수율을 근사한 수준에 두고 커피량을 많게(혹은 적게) 조절하면 된다. 추출수율이 지나치게 높아지면 잡미를 포함한 쓴맛이 강조되며, 추출수율이 떨어지면 양을 많이 사용하더라도 추출이 덜 진행된 불완전한 커피가 만들어진다.

----

* 본 파트는 핸드드립식 커피추출법에 있어서 각 추출변수들의 상호작용을 이해하는데 도움될 수 있는 방안으로 추출수율표의 경향성을 활용하는데 의의를 두었음. 따라서 추출수율표 상의 수치는 이해를 돕기위한 계수로써 제시되었으므로, 실제 측정치와는 편차가 있을 수 있음.

> **'물맛 나는 커피'**
>
> 커피를 이루고 있는 성분의 대부분은 물이다. 따라서 커피에서 물맛이 난다고 하는 것 자체가 아이러니한 표현이지만, 핸드드립식으로 추출한 커피의 맛을 평가하며 '물맛'이 난다는 표현을 종종 들을 수 있다.
>
> 드립퍼 가장자리로 물줄기를 돌림으로써 드립퍼 내부에 담겨진 분쇄커피를 제대로 거치지 않을 경우를 생각해보자. 물붓기 된 물이 일부 커피만을 스친 뒤 여과지를 거쳐 드립퍼의 리브를 타고 하부로 그대로 흘러 드립서버로 내려오게 되고, 그러한 과정이 반복되어 추출된 커피의 경우 소위 '물맛 나는 커피'로 간주된다.
>
> 이를 추출수율의 관점에서 해석하자면, 아무리 많은 양의 커피를 사용한다 해도 유효향미가 충분히 용해되어 추출될 수 있도록 하는 과정으로 진행하지 않으면 결과적으로 추출수율이 낮으면서 불완전한 커피가 만들어지게 되는 것이다.

6) 추출수율표를 통해 미리 보는 추출 변수

다음 장에서 다루게 될 추출 변수를 살펴보기 전에 추출수율표를 다시 꼼꼼하게 살펴볼 필요가 있다. 이를 통해 추출 변수가 맛에 어떤 영향을 미치는지를 미리 가늠해 본다면 추출체제를 이해하는데에도 도움이 되기 때문이다.

추출수율 공식을 통해 다시한번 확인하면 다음과 같다.

$$추출수율 = \frac{추출된\ 커피\ 고형분}{사용된\ 커피량} \times 100$$

분모, 즉 '사용된 커피량'이 동일한 상태에서 두 번의 추출을 해보자. 그 결과 추출수율이 서로 다르게 나타난다면 추출된 커피 고형분의 양이 다르다는 뜻이 된다. 커피량이 동일한 상황에서 추출수율을 더 높이기 위한 방법으로는 다음 두 가지가 있다.

① 커피가 물을 만나는 시간을 늘려 (가는 물줄기로 물붓기를 천천히하여, 유속을 느리게하여) 더 많은 커피 고형분이 용해될 수 있도록 시간을 벌어주는 경우

- **빠르게 추출하였을 때 추출수율이 낮다.**
- **느리게 추출하였을 때 추출수율이 높다.**

② 추출 속도를 동일하게 설정한다면, 커피의 분쇄도를 달리하여 물과 만나는 표면적을 더 넓게 해줌으로써 한정된 시간 내에 물과 만나는 기회를 더 부여하는 경우

- **굵게 분쇄하였을 때 추출수율이 낮다.**
- **가늘게 분쇄하였을 때 추출수율이 높다.**

7) 추출 형태로 나눈 4大 추출법

커피 성분이 추출되는 형태는 크게 4가지로 구분된다. 하지만 최근에는 2가지 이상의 추출법을 동시에 접목(크로스오버)함으로써 새로운 추출법이 적용될 수 있도록 한 기구*도 다수 개발되고 있다.

구 분	추출 형태	대표적 기구
달임법 (Decoction)	추출기구 안에 물과 분쇄커피를 동시에 넣고 끓인 뒤, 커피 가루가 가라 앉은 후 음용	체즈베
침출법 (Infusion)	추출기구 안에 분쇄커피를 넣고 뜨거운 물을 넣어 커피 성분이 용해되는 일정 시간 뒤, 커피 가루를 걸러 내고 음용	프렌치프레스, 사이폰
여과법 (Brewing)	추출기구 안에 분쇄커피를 넣고 상부에 물을 부어 아래에 추출된 커피를 음용	핸드드립, 커피메이커, 워터드립(더치식 추출법)
가압추출법 (Pressed Extraction)	분쇄커피에 고온 고압의 물을 강제로 통과시켜 추출한 커피를 음용	모카포트, 에스프레소

[표 9] 추출 형태별 구분

---

* 클레버(Clever) 드립퍼는 드립퍼에 여과지를 장착한 후 분쇄커피를 넣고 물을 부어도 아래로 물이 빠지지 않아서 침출식 추출이 이루어진다. 적정 시간 이후에 드립서버에 올려놓으면 구조상 마개를 밀어 개방하게 되고, 추출된 커피가 여과되어 아래로 빠져나옴으로써 추출 과정이 끝난다.

체즈베(Cezve)와 이브릭(Ibrik)

체즈베(Cezve)는 달임법에 의한 터키식 커피를 추출하기 위한 도구로, WIKIPEDIA에서는 다음과 같이 설명하고 있다.

"A cezve is a pot designed specifically to make Turkish coffee. In the rest of world, the cezve is known as an ibrik. In Turkey, 'ibrik' has another meaning, it is again used for long spouts but used for handling liquids like oil and wine, not for brewing coffee." 즉, 체즈베는 터키식 커피를 위해 특별히 디자인된 포트이고, 터키에서 이브릭(Ibrik)은 주둥이가 길며, 커피 추출에 사용되지는 않고 오일이나 와인과 같은 액체를 다루는 데 이용되는 것으로 표시하고 있다.

이브릭에 대해서도 WIKIPEDIA에서는 설명하고 있는데, "A long-spoured pitcher, typically made of brass. Occasionally confused with a Turkish coffee pot, which is properly called 'Jezve'" 즉, 전통적으로 황동으로 만들어진 주둥이가 긴 주전자로 설명하고 있으며, 터키식 커피 포트인 체즈베와 혼용되기도 한다는 것이다.

한국에서는 단순히 뚜껑의 유무에 따라 체즈베와 이브릭을 구분하기도 한다.

4. 추출변수의 이해

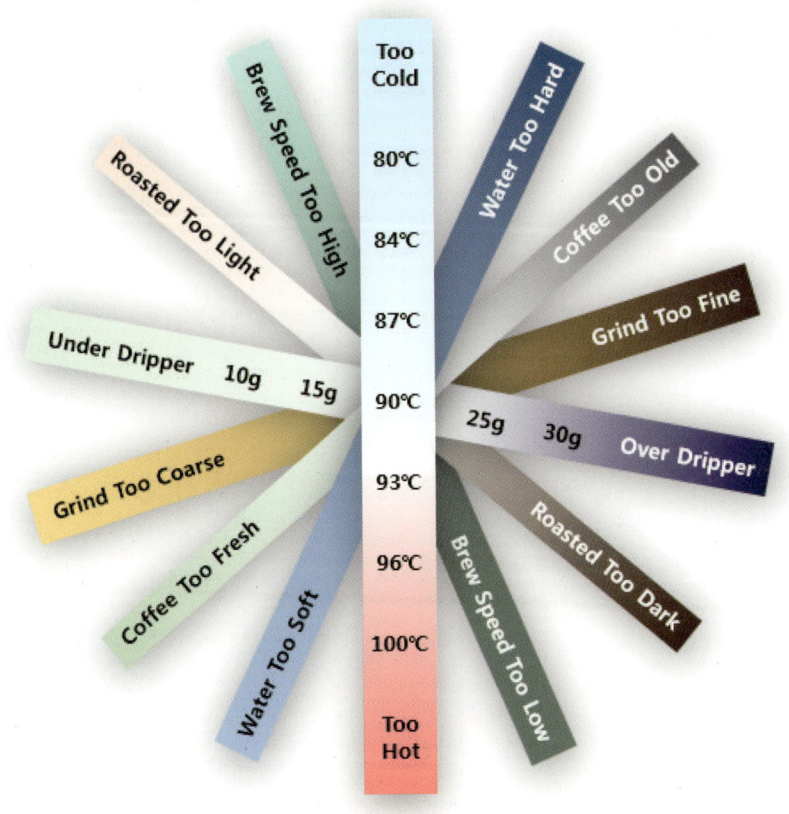

[그림 20] 추출변수 다이아그램

커피의 양을 많이 사용했을 때와 적게 사용했을 때, 그 맛에서 차이가 발견되었다면 커피의 양은 추출변수에 해당한다. 핸드드립식 커피 추출의 결과에 영향을 미치는 요소는 매우 많으며, 심지어 추출자의 심리적 상태에 따라서도 달라진다고 할 정도로 미묘한 향미의 변화가 감지되기도 한다.

분쇄커피의 상부 표면과 드립포트 주둥이(Spout)의 높이가 다르면 동일한 물줄기라도 작용하는 힘의 크기가 달라진다. 즉, 위치에너지가 달라진다는 것은 곧 커피의 상부 표면에 물이 닿을 때 작용하는 힘의 크기가 달라지고, 그에 따라 추출 환경 역시 달라지게 된다. 추출변수는 다양하고 변화무쌍하다. 따라서 여러가지 가능성을 염두에 두고 폭넓게 이해해야 한다.

하지만 너무 걱정할 필요는 없다. 추출을 시작하기 직전까지 이미 많은 변수들이 결정되어 있기 때문이다. 다음 장에서 다루게 될 '핸드드립 실전'을 통해 우리는 핸드드립과 좀 더 친해질 수 있다. 여기에서 제시하는 관리 방법을 잘 숙지하면 최적의 커피 추출도 어려운 일만은 아니다.

지금부터는 실전과 직접적으로 연관되어 있는 이야기를 풀어나가고자 한다.

1) 엄선된 재료

최고의 목수도 이미 썩어 강도를 상실한 목재로는 훌륭한 가구를 만들 수 없다. 커피 역시 부실한 재료에서 비롯된 커피를 마실 수는 있겠으나, 더 나은 수준의 커피를 추출하려면 재료 선정에서부터 엄격하게 할 필요가 있다.

• 로스팅 후 잘 보존된 원두

고온다습한 장소는 커피를 보관하는 환경으로 부적절하다. 특히 Full City 이상의 볶음정도로 로스팅된 원두는 이미 오일 성분이 배어 나오므로 주의해야 한다. 이 식물성 오일 성분이 실온의 공기와 장시간 만나게 되면 상하거나 부패할 가능성이 있다.

[그림 21] 다양한 커피 보관 용기

[그림 22] Toper社의 판매용 원두 Silo

• 결점두는 추출 전 미리 선별하여 제거

특히 벌레 먹거나 깨진 상태*로 로스팅되어 다른 원두들과 시각적으로 현저히 구분되는 원두는 잡미의 원인이 되므로 분쇄 이전에 골라내는 것이 좋다.

[그림 23] 결점두

대형 로스터로 로스팅을 진행하는 대형 커피회사의 경우에는 로스팅 이전 단계에서 결점생두를 일일이 골라내기 힘든 경우가 많다. 그래서 포장을 개봉하였을 때 의외로 많은 결점두가 발견되기도 하므로, 분쇄 전에 골라내어 최적의 추출을 추구해 보자.

---

* 벌레 먹거나 깨진 상태의 결점생두가 포함된 상태에서 로스팅이 진행될 경우, 동일한 열량을 받을 때 다른 원두보다 결점두의 온도가 먼저 올라가게 되고, 심지어 미리부터 타는 단계에 접어들 가능성이 크다. 이럴 경우 시각적으로 색상이 더 짙어지게 되며, 분쇄해서 추출할 경우에도 탄맛을 내게 된다. 탄맛은 커피 전체에 영향을 주며, 로스팅 시에도 타는 향은 함께 로스팅되는 다른 원두 전체에 나쁜 영향을 준다.

볶은커피의 보관

1주일 이내에 소비할 예정이라면 서늘한 실온에서 보관해도 무방하겠으나, 여름철이나 소비 기간이 1주일을 넘어설 때는 포장된 봉투째로 밀폐용기나 비닐에 싸서 냉장보관해 보자.

- 밀폐용기나 비닐에 싸는 이유는 한국에서는 냉장고에 김치 등 냄새가 강한 음식을 많이 보관하기 때문이다. 탈취작용이 있는 커피의 경우 이러한 잡향을 끌어들이게 되고, 잡향들은 추출 시 커피의 순수한 향미를 저해하는 요소로 작용한다.

- 냉장보관하는 이유는 볶은커피 조직 내부의 숙성과 대사활동을 느리게 하여 보존기간을 늘리고자 함이다. 추출하기 위해 꺼낼 경우에도 냉동실보다는 냉장실이 유리하다. 실온과의 온도 차이가 적어 일시적인 습기의 발생과 침투 가능성이 낮기 때문이다.

- Full City 이상의 볶음정도를 가진 원두에서 배출되는 오일 성분은 비닐을 녹인다. 녹은 비닐 성분이 커피의 오일성분과 섞이게 되면 추출하기에 부적합한 원두가 되므로, 비닐을 활용할 때는 세심한 주의가 요구된다. 한 번 비닐에 담은 원두는 5일 이상 실온에 방치하지 않도록 하고, 적절한 시기에 다른 비닐로 옮겨주거나 다른 보관 용기를 사용하는 것이 바람직하다.

- 커피봉투의 아로마밸브는 로스팅 이후 발생하는 가스를 봉지 밖으로 배출하면서 외부의 공기가 유입되는 것을 막는 일방 밸브(One Way Valve)이다. 갓 볶은 커피를 밀폐 유리용기 등에 보관할 때 뚜껑을 열면 '뻥' 소리와 함께 가스가 터져나오는 경우가 있는데, 로스팅 후 24시간 정도는 밀폐를 위한 고무패킹을 빼두고, 이후에 패킹을 채우되 2~3일에 한 번씩 뚜껑을 잠시 열었다 닫아 둔다면 신선도도 유지하면서 가스 배출도 용이하게 관리할 수 있다.

2) 추출자의 의도에 부합하는 최적의 로스팅

추출만을 진행할 때는 추출자가 관여할 수 있는 단계는 아니라 하겠으나, 볶은커피를 골라야 하는 상황이라면 각종 감각을 통해 최적으로 로스팅된 커피를 고를 필요가 있다.

• 최적의 로스팅 단계 설정과 선택

특정 산지 생두를 로스팅하는 데 있어서 최적의 로스팅 방법에 대한 견해는 매우 다양하다. 동일한 농장의 생두라도 로스팅 방법, 로스팅 정도 등에 개개인의 취향이 반영되므로 오로지 단 하나의 절대적인 로스팅 프로파일이란 것은 없다.

그럼에도 불구하고 해당 산지의 커피가 지닌 특징을 가장 잘 살리는 방향으로 로스팅은 진행된다. 이를테면 케냐AA*를 High 단계로 로스팅하여 꽃 향, 견과류 향과 산미를 표현하고자 할 때의 프로파일이 있다면, Full City 단계로 로스팅하여 초콜릿 향미와 깊은 바디감이 어우러진 중후함을 추구할 때의 프로파일은 따로 있다. 이 두 가지의 기법에 따라 서로 다르게 로스팅을 해도 다른 산지에서는 표현되기 힘든 케냐AA만의 특징은 표현된다. 따라서 추출자는 분명한 기준을 바탕으로 자신의 의도에 맞는 원두를 선택할 필요가 있다. 이로써 추출된 커피에 대한 완성도와 만족도를 더할 수 있기 때문이다.

음악으로 말하자면 변주(Variation)도 가능하고 카덴차(Cadenza)도 가능한 것이 커피의 세계이다. 단, 작곡가의 의도가 담긴 원곡의 범주를 벗어나게 되면 박수를 받지 못하는 것도 동일하다.

• 원두간 색상 편차가 적은 원두

[그림 24] 색상 편차가 큰 원두(좌, 중)와 색상이 고른 원두 (우)

생두의 품질이 균일하지 않거나 로스팅 과정이 최적화되지 못할 경우 색상에서 편차가 생긴다. 볶은커피의 색상이 밝은 것과 어두운 것이 혼재되어 있는, 이른바 '바둑이 로스팅' 원두는 피하는 것이 좋다. 서로 다른 로스팅 단계에서 로스팅이 종료되었으므로 추출자가 의도한 맛을 표현하기 어렵다.

---

* 케냐AA : 케냐産 AA등급 커피를 말한다. 케냐는 등급기준을 생두의 크기로 정하고 있고, AA등급은 S18(Screen Size 18↑)의 기준을 만족한다. AB등급은 AA등급보다 크기가 작은데, 이는 생두 내부로 열이 전달되는 체제가 달라짐을 의미하며, 로스팅 화력 조절 단계를 포함한 로스팅 방법도 수정되어야 함을 뜻한다.

3) 추출에 사용할 원두량

내 주머니에 넉넉한 돈이 있으면 돈으로 할 수 있는 활동영역은 넓어진다. 더 많은 물품을 살 수도 있고 좋은 일에 기부도 할 수 있다. 그러나 만족도는 반드시 돈의 많고 적음에서 오는 것은 아니다. 돈이 많아도 제대로 활용하지 못하면 적은 돈을 가진 것보다 덜 만족스런 결과가 나오기도 하고, 돈이 적어도 속속들이 알뜰하게 잘 사용한다면 만족스러운 결론을 얻을 수도 있다.

커피의 추출에 있어서 추출에 사용할 원두량도 이와 비슷한 성질을 가지고 있다. 무조건 많은 양의 커피를 사용한다고 해서 반드시 진하고 맛있는 커피가 보장되는 것은 아니다. 반면에 소량의 커피로도 적절히 균형잡힌 커피가 만들어지기도 한다.

앞서 우리는 예시된 추출수율표의 경향성을 알아봄으로써 원두량은 추출수율, 추출된 커피고형분과 농도 등에 영향을 미치는 중요한 변수로 작용한다는 사실을 확인했다. 실제로 원두량을 얼마나 쓰느냐 하는 것은 다른 추출변수와의 변화무쌍한 조합에 의해 천차만별의 맛을 만들어내는 전제조건이자 가장 중요하고 대표적인 추출변수 중 하나다.

예컨대, 평소와는 다른 진한 커피를 마시고 싶을 때는 1차적으로 원두량을 더 많이 사용하고, 물과 만나는 표면적을 더 넓히기 위해 분쇄도를 보다 미세하게 조절하는 것만으로도 당장 효력이 발생한다.

즉, 추출수율이 20%로 동일하다는 가정하에 Ⓑ지점 45g보다 많은 Ⓐ지점 65g만큼 원두량을 더 사용한다면 진한 맛의 커피를 즐길 수 있다.

한편 농도가 1.3%로 동일할 경우라도 추출환경에 따라 추출수율이 달라지면, Ⓔ지점에 해당하는 70g의 원두를 사용하더라도 추출이 덜 진행된 맛의 커피를 얻는 데 반해, Ⓕ지점의 55g 원두량으로도 균형 잡힌 커피를 같은 농도로 얻을 수 있다. 이것이 바로 추출에 사용하는 원두량의 마술이며 원두량이 다른 변수들과 어떻게 조합되느냐에 따라 달라지는 커피 맛의 예이다.

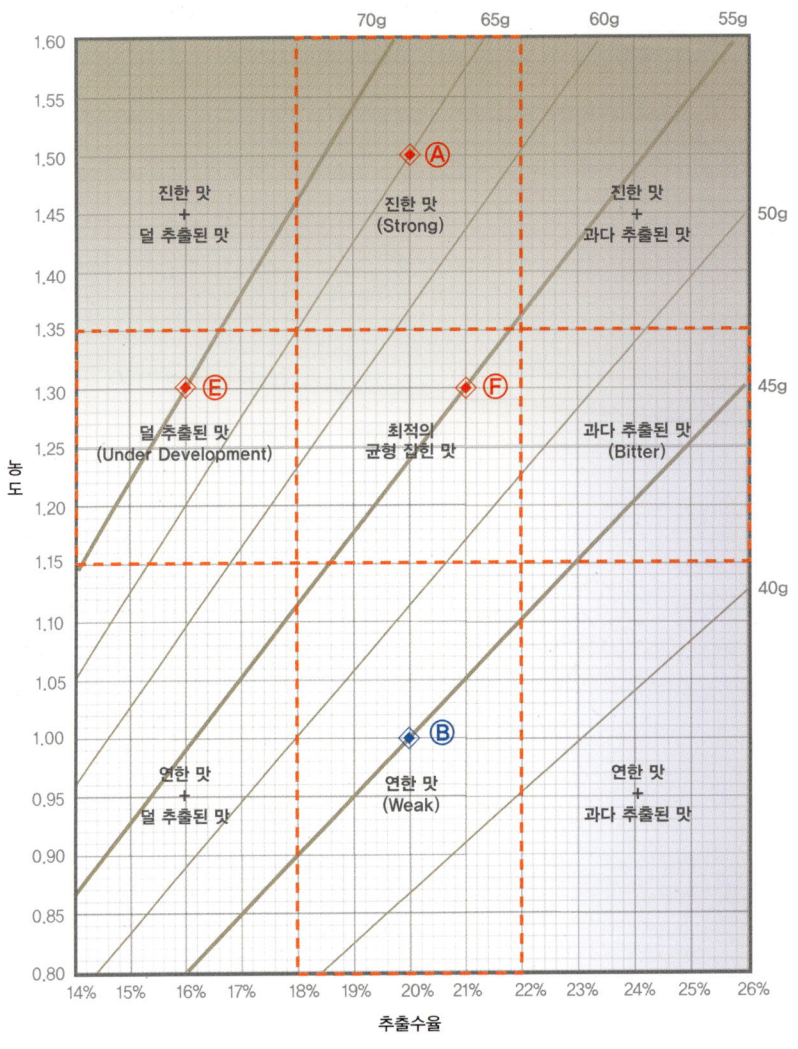

[표 10] 추출수율표(Ⅱ)

4) 분쇄도

한 줌의 원두를 냄비에 끓여서는 기본적인 맛을 가진 커피를 만들어내지 못한다는 사례를 통해 우리는 짧은 시간 내에 커피 고형분을 효율적으로 물에 내놓기 위해서는 둥근 원두에 비해 훨씬 넓은 표면적에서 물과 만나야만 한다는 사실을 명확히 알 수 있었다.

분쇄도 조절은 커피의 추출 과정에 있어 매우 중요한 과정이다. 특히 에스프레소 추출과 같이 짧은 추출시간이 부여될 경우, 분쇄도의 미세한 차이로 인해 최상의 에스프레소를 얻을 수도 있고, 마시기에 거북한 짙은 색의 액체를 얻기도 한다.

딱딱한 커피를 분쇄하는 일은 도구나 기계에 의존하게 되는데, 그 원리와 특징들을 알아두면 상황에 적절한 분쇄작업을 하는 데 도움이 된다(아울러 향후 거론 될 각종 기물이나 기계들은 현재 시중에서 활용되고 있는 제품들이며, 필자는 커피와 관련한 지식을 서술함에 있어 적절한 예로 인용할 뿐, 특정 회사나 모델과는 특별한 관계가 없음을 밝혀둔다).

시중에는 수많은 형태의 커피분쇄기가 판매되고 있는데, 용도에 따라 에스프레소용과 핸드드립식 추출을 포함한 기타 추출용으로 나누어 볼 수 있다.

[그림 25] 에스프레소용 그라인더

[그림 26] 핸드드립 및 기타 추출용 그라인더

또 칼날의 모양에 따라 크게 평판형 날(Flat Burr)과 원추형 날(Conical Burr)로 구분되는데, 그 형태와 원리, 특징을 정리하면 아래와 같다.

구 분	평판형 날	원추형 날
날의 생김새		
분쇄커피 배출 원리	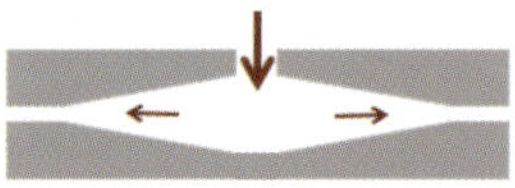	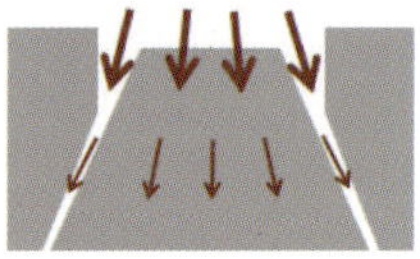
회전 속도	1,500 rpm 전후	500 rpm 전후
열 발생과 향미 손실	고속 회전날에 의해 상대적으로 마찰열 발생이 많으며, 커피 향미의 열화 손실이 상대적으로 크다.	날의 회전이 저속으로 움직여 마찰열 발생이 적고, 커피 향미의 열화 손실이 비교적 적다.
미분* 함유량	속도가 매우 빠른 날의 회전에 의해 대부분 Cutting 형태로 분쇄가 진행되므로 미분 함량이 적다.	이른바 맷돌 방식으로, Cutting 되는 원두 외에 으깨어져 가루가 되는 미분이 상대적으로 많이 발생한다.
추출 커피의 맛 특징	선명하고 깔끔한 맛이 특징이다. (비선형적 디지털의 맛)	섬세한 대신에 잡미가 발현될 소지가 있다. (선형적 아날로그의 맛)
일반적인 주 사용처	대형 매장	소형 매장, 가정

[표 11] 그라인더 칼날 형태별 특징

---

* 미분 : 원두가 Cutting 되는 과정에서 발생하는 미세한 가루로서, 정전기에 약하고 잡미를 발생시키는 원인이 된다. 칼날이 무뎌지면 미분 발생량이 늘어나므로, 칼날은 주기를 정해 교체하는 것이 바람직하다.

• 추출 형태에 따른 일반적인 분쇄도

앞서 거론되었던 추출 형태에 따른 4대 추출법의 경우 각 추출체제의 특징에 따라 서로 다른 분쇄도가 권장된다.

[표 12] 커피 추출 기구별 분쇄도 예시

• 커피량과 분쇄도와의 상관관계가 맛에 미치는 영향

추출변수로서 커피의 분쇄도를 거론한 근본적인 이유에 대해 살펴볼 차례이다. 추출에 사용할 커피량이 같은 상황에서 '분쇄도가 다르다'라는 것은 곧 제한된 시간 내에 물과 만나는 커피의 표면적이 다르다는 것을 뜻한다. 또 표면적이 다르다는 것은 커피의 공동으로부터 동시에 추출되는 커피 성분의 양이 달라지짐을 의미한다.

그러나 분쇄도를 과도하게 높일 경우, 결정적인 한계에 노출되는 문제가 있음에 필히 주목해야 한다. 즉, 더 가늘게 분쇄했다면 분쇄커피를 이루는 단위가 되는 커피입자 한 개의 크기는 더욱 작아짐과 동시에, 그 커피입자가 내놓을 수 있는 유효향미의 양 역시 큰 입자보다 적어진다는 사실이다. 결과적으로 이 경우 추출시간이 길어지면 유효향미의 추출은 종료되고, 이후 잡미가 추출되는 단계에 쉽게 접어들게 된다.

따라서 커피를 추출하는 실전 현장에서는 분쇄커피입자가 가늘어지면 가늘어질수록 추출시간이 짧아지는 원리로 커피가 만들어지고 있는데, 분쇄도가 높은 에스프레소는 25초 전후, 분쇄도가 낮은 프렌치프레스는 3분 전후의 시간을 적용하고 있다.

• 원두량, 분쇄도와 추출수율 사이의 상관관계

> ※ 단, 이론적인 상관관계를 이해하기 위한 설정이므로 실제에서 발생하는 다양한 추출변수는 배제하기로 한다. 이를테면 드립퍼 상부에 위치하는 커피입자의 추출수율과 드립퍼 하부에 위치하는 커피입자의 추출수율은 다르다는 등의 문제는 추후 거론될 추출변수의 문제에서 구분하여 고찰하기로 한다.

공급되는 물의 양과 속도가 동일한 조건 하에서,

○ 분쇄도가 동일할 때

ⓐ 한정된 양의 물이 많은 수의 커피입자를 거쳐가므로, 각 커피입자가 만날 수 있는 물의 양이 적어 추출이 상대적으로 덜 일어나며 추출수율은 낮다.

ⓑ 하나의 커피입자를 거쳐가는 물의 양이 많으므로, 더 많은 커피성분이 추출되어 추출수율은 더 높아진다.

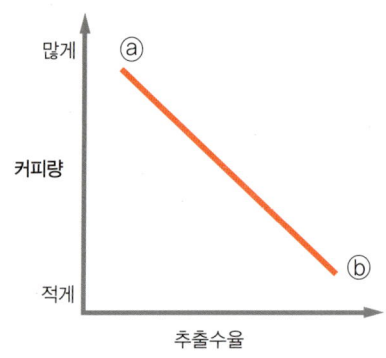

[그림 27] 분쇄도가 동일할 때의 커피량과 추출수율간의 상관관계

○ 원두량을 동일하게 사용할 때

ⓒ 높은 분쇄도로 가늘게 분쇄할 경우, 물과 만나는 표면적이 넓어져 동일 시간 내에 더 많은 커피 성분이 추출되므로 추출수율은 높다.

ⓓ 굵게 분쇄되면 물과 만나는 표면적이 좁아져 한정된 시간 내에 추출되는 커피 성분의 양이 적으며 추출수율도 낮다.

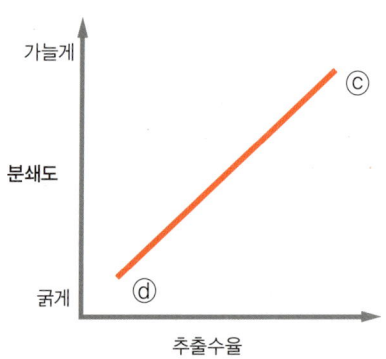

[그림 28] 원두량이 동일할 때의 분쇄도와 추출수율간의 상관관계

5) 추출 진행 속도

　지금까지 엄선된 재료, 추출자의 의도에 부합하는 최적의 로스팅, 추출에 사용할 원두량, 분쇄도 등의 추출변수를 살펴보았다. 이러한 변수들은 추출자의 의사결정에 의해 결정되는 변수들인데 반해, 아날로그 방식의 핸드드립식 추출법의 특성상 추출자의 '손맛'이 고스란히 맛에 반영되는 변수들도 있다. 이제 핸드드립커피의 승패를 결정적으로 좌우하는 추출변수들을 알아보고, 최초에 의도되었던 추출 결과물을 얻기 위해 한 걸음 더 나아가보자.

　간혹 해외여행을 다녀오는 지인이 커피 애호가 친구에게 선물하는 커피 중에는 벽돌 형태의 사각으로 진공 포장된 것들이 있다. 터키식 혹은 베트남식 커피에 적합하도록 아주 미세하게 분쇄된 커피인데, 이를 핸드드립식으로 추출하는 경우를 본다. 이 경우, 드립포트를 떠난 물이 드립퍼로 내려와서 커피입자와 섞이지만, 드립서버로 빠져 내려오지 못하고 드립퍼 내부에 계속 머무는 상황을 겪는다. 물붓기를 멈추고서도 많은 시간 뒤에 물이 내려간 드립퍼 내부에는 마치 갯벌과 같은 찐득한 커피 분말이 발견된다. 이처럼 극단적으로 가늘게 분쇄된 커피는 상부에서 아무리 빠른 속도로 물을 투입하더라도 커피입자 사이의 공간이 너무 좁아서 유속이 제한된다.

　추출변수로서의 추출 진행 속도는 두 가지 사항을 고찰하여야 한다. ① 드립포트로부터 드립퍼로 공급되는 물의 속도와, ② 드립퍼 내부에 담긴 커피입자 사이를 거쳐 지나가는 물의 속도가 바로 그것이다.

① 드립포트로부터 드립퍼로 공급되는 물의 속도

　댐에서 수문을 하나만 열어서 물을 내리느냐, 수문을 여러 개, 아니면 모든 수문을 다 열어서 물을 내리느냐의 문제와 같다. 드립포트를 덜 기울여서 가는 물줄기로 드립퍼에 담긴 분쇄커피 위로 물을 내리는* 방법이 '가는 물줄기'를 이용한 물붓기법이라면, 드립포트를 더 기울여서 굵은 물줄기로 물

---

* **"물을 내리다"** : 용어에 있어서, "드립하다", "물을 내리다" 등의 표현을 보편적으로 사용하고 있다. 드립퍼 위로 공급된 물은 중력을 받아 아래로 이동하며 분쇄커피층을 순차적으로 거치게 된다. 이 때, 필요 이상의 낙차나 과도한 양의 물이 한 번에 투입되면 분쇄커피층이 상하 좌우 구분 없이 휘저어져 의도된 추출체제의 범위를 벗어나기도 한다. 따라서 물을 내린 뒤, 그 물이 중력의 영향을 받아 아래에 위치한 물을 누르고, 그 힘으로 발생한 유체(물)의 속도가 추출수율의 변수로 작용함으로써 의도된 추출체제가 완성되어가는 과정을 최적의 커피 추출 과정이라 하겠다.

을 내리는 방법은 '굵은 물줄기'를 이용한 물붓기법이라 하겠다.

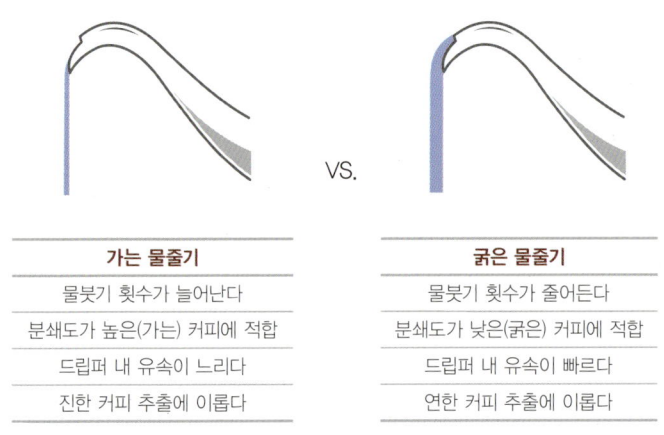

가는 물줄기	굵은 물줄기
물붓기 횟수가 늘어난다	물붓기 횟수가 줄어든다
분쇄도가 높은(가는) 커피에 적합	분쇄도가 낮은(굵은) 커피에 적합
드립퍼 내 유속이 느리다	드립퍼 내 유속이 빠르다
진한 커피 추출에 이롭다	연한 커피 추출에 이롭다

[그림 29] 물줄기의 굵기

굵은 물줄기로 드립퍼에 물을 내리면 1회 물붓기에 의해 공급되는 물의 양이 많고, 많은 양의 물이 중력의 영향을 받으면 아래쪽으로 더 많은 힘이 작용하게 되므로 유속도 빨라지게 된다.

반면, 빨라진 유속에 상응하는 입자 사이의 공간이 확보되지 못할 경우 특정 구간을 지나는 흐름에 적체가 일어나게 되고, 물 흐름의 적체현상은 곧 그 구간에서 필요 이상의 과다추출을 야기하게 된다. 이럴 경우 잡미가 발현될 가능성이 높아진다. 이는 일단 추출이 시작되면 중간에서 '일단멈춤'할 수 없기 때문에 나타나는 불가피한 현상이다. 따라서 추출자의 판단에 따라 유량(물줄기)을 적절히 조절함으로써 드립퍼로 내려가는 물의 양을 제어하는 수밖에 없다. 핸드드립식 추출의 핵심은 중력에 의존하고 있다는 점이다. 따라서 추출되는 액체(커피)를 드립퍼 아래에서 잡아당길 방법이 없다. 결국 물줄기 조절을 통해 물의 양을 맞춰야 한다.

② 드립퍼 내부에 담긴 커피입자 사이(공극, 孔隙)를 거쳐 지나가는 물의 속도

이번에는 댐에서 세 개의 수문을 일정하게 연다고 가정해 보자. 수로가 너무 매끈하고 정리가 잘 되어 있으면 수로의 수위가 높아질 새도 없이 순식간에 물이 다 흘러 내려가버릴 것이고, 수로에 장애물이 많으면 유속이 느려져 수로의 수위가 높아지게 될 것이다.

이는 곧 커피 분쇄도가 서로 다를 때 유속도 달라짐을 보여준다. 실제로 커피 추출에 있어서 분쇄된 커피의 입자가 크면 클수록 입자 사이의 간격이 넓어 물의 유동이 쉽다. 반대로 입자가 작으면 작을수록 간격이 좁아 물의 유동이 어려워진다. 이와 관련한 사항을 표로 정리하면 아래와 같다.

분쇄도가 낮은(굵은) 커피	분쇄도가 높은(가는) 커피
커피입자간 공극이 넓다	커피입자간 공극이 좁다
물이 지나는 공간이 크므로 유속이 빠르다	물이 지나는 공간이 적으므로, 유속이 느리다
진한 커피를 추구할 때, 물줄기를 가늘게 하여 유속을 느리게 조절하면 추출수율이 높아져 농도가 상승한다	진한 커피를 추구할 때, 물줄기를 가늘게 하는 방법으로 유속을 느리게 조절하면 가능하나, 추출수율 증가율이 빠르므로 잡미 발현 가능성이 높다는 점에 특히 유의해야 한다
진한 커피를 추구할 때, 추출수율을 높임과 동시에 잡미를 방지하고 유효향미를 증가시키기 위해서는 사용하는 커피량을 늘림으로써 추출수율이 과도하게 높아지는 상황을 배제한다	굵은 물줄기로 한꺼번에 많은 양의 물을 내리면, 상대적으로 가벼운 분쇄커피가 부력*에 의해 물과 뒤섞이게 되고, 올바른 추출 과정을 거치지 않은 물들이 드립퍼를 빠져나와 불완전한 추출이 진행될 소지가 크므로 유의해야 한다

[그림 30] 분쇄도가 서로 다른 커피의 특징

---

* **부력** : 물붓기 과정에서 분쇄커피입자가 받게 되는 물리적 힘은 다양하다. 즉, 자체 무게가 받는 중력, 물이 투입되어 받는 부력, 물의 흐름에 의해 발생하는 운동에너지에 의해 밀리는 힘, 인접 커피입자들로부터 받게 되는 상대적인 저항력 등 다양한 힘에 노출되어 움직이게 된다. 따라서 추출자가 이 힘들이 어떻게 작용하는지를 이해한다면 드립포트의 높이, 물줄기 조절의 강약, 분쇄커피 표면부 어느 부분에 물을 내려놓되, 그 양은 얼마만큼으로 진행해야 하는지, 물붓기 회당 물 양의 안배를 어떻게 해야 할지 등의 판단을 하는 데 큰 도움이 될 것이다.
분쇄커피는 식물의 씨앗을 볶아 분쇄한 것이므로 물보다 비중이 훨씬 작다. 그래서 부력에 의해 물에 뜬다.

6) 최종 추출량

적당량의 멸치 다싯물을 끓여 놓았는데 인원이 추가되는 상황을 고려해보자. 만일 뜨거운 물만 더 부어 국수를 말아 내게 된다면 맛이 현저하게 떨어지게 될 것이다.

동일한 추출 조건에서 최종 추출량만 더 늘이는 경우, 즉 추출 결과 150ml를 얻었을 때와 물을 계속 더 투입하여 200ml를 얻었을 때의 차이점이 여기에 있다. 2~3회 더 물붓기를 하여 물 양을 추가하면 쉽고 간단하게 해결될 것 같아 보이지만, 실제로 그렇게 할 경우 큰 오류가 발생한다. 기대했던 맛과 전혀 다른 커피, 잡미가 섞여 뒷맛이 깔끔하지 못하고 품위가 현저하게 떨어진 커피가 연출되기 때문이다. 양만 많은 갈색의 액체는 제대로 된 커피라 할 수 없다.

추출자가 의도했던 커피를 위해서는 일관성이 중요하다. 추출이 진행되고 있는 상황에서 추출변수들의 당초 의도했던 '초기값'을 바꾸는 행위는 가급적 피하는 것이 좋다.

• 시간의 흐름에 따른 추출수율의 변화

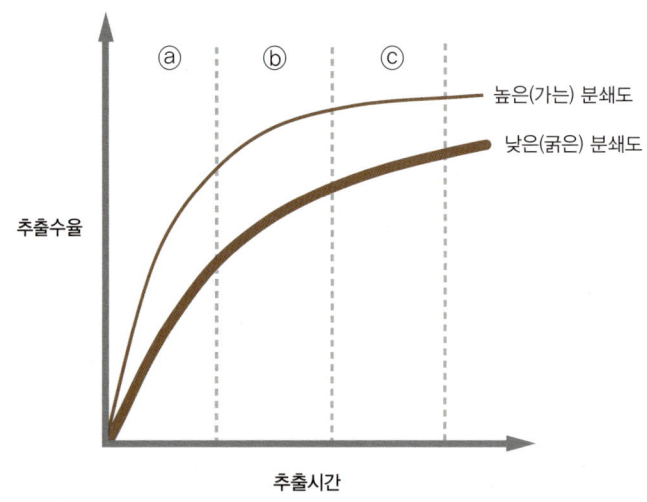

[그림 31] 서로 다른 분쇄도에 따른 추출시간과 추출수율의 상관관계

위의 그림은 추출이 시작된 후 시간의 흐름에 따른 추출수율의 증가치를 보여주는 그래프이다.
이 그래프에서 중점을 둬야 하는 부분은 추출의 초반에 해당하는 ⓐ구간에서 유효향미 추출량이 가장 많으며, ⓑ, ⓒ구간으로 진행될수록 추출되는 커피 고형분의 증가세가 완만해진다는 점이다. 다시 말해서 추출 초반부인 ⓐ구간에서 추출된 커피의 풍미가 가장 풍부하게 느껴지는 반면, ⓑ, ⓒ 구간으로 진행될수록 유효향미가 소진되어 현저하게 품위가 떨어지게 된다는 것이다. (이 그래프의 결과와 관련, 추후 핸드드립 실전 편에서는 각 구간 별 추출된 커피의 관능 테스트를 통해 맛을 확인하는 과정을 소개한다.)

따라서 추출량을 늘이기 위한 방편으로 공급하는 물의 양만을 늘리는 것은 좋은 추출법이 아니다. 이럴 경우에는 그래프에서 보듯이 유효향미의 추출은 거의 종료된 상황에서 잡미를 더 추출하게 됨으로써, 전체적인 커피의 품위가 저하되는 결과를 초래하게 된다.

> **추출과정 중에 분쇄커피를 추가로 더 넣었을 경우**
> 추출 과정 중에 있던 기존 커피는 이미 추출수율이 높아져 있다. 반면에 새로 추가된 분쇄커피는 뜸들이기에 대한 내부 변화에서부터 새로 과정이 시작되므로 같은 시각에 내놓는 커피 성분이 서로 달라지게 된다. 이에 따라 추출 결과물은 균형이 이뤄지지 않은 커피가 된다.

7) 의도된 물의 온도

볶은커피는 만나게 되는 물의 온도에 따라 물에 내놓는 성분이 서로 다르다.

커피가 함유하고 있는 수많은 성분들은 각 온도대 별로 용해도가 서로 다르다. 즉, 핸드드립식 추출이 진행되는 보편적인 온도대인 92℃~80℃ 구간을 어떻게 안배하느냐에 따라 추출된 커피의 성분비가 달라지게 된다. 물의 온도는 결국 추출된 커피의 맛을 좌우하는 중요한 변수로 작용한다. 그 정도와 적절성에 따라 서로 다른 맛의 커피가 얻어지게 되는 것이다.

이처럼 핸드드립식 커피 추출에 있어서는 물의 온도를 제어하는 것이 매우 중요하다. 추출 직전에 측정한 물의 온도는 물론, 그 외에도 매우 복잡하고 미묘한 온도 변수들이 상호 작용하게 된다는 점 역시 염두에 두어야 한다. 그 예로 실제 추출과정을 시뮬레이션해 보자. 다음과 같은 추출조건 하에서 드립퍼에 담긴 분쇄커피 최하단에 온도계를 꽂아 그 지점의 온도 변화 추이를 살펴보자.

커피 산지	콜롬비아
커피 사용량	20g
분쇄도	중간 정도의 분쇄도
추출 최종 목표량	200ml
사용 드립퍼 종류	하리오 ※드립퍼 구조가 원추형으로서, 칼리타나 멜리타 드립퍼에 비해 단순하므로, 드립퍼 내부의 온도 변화율을 좌우하는 변수가 적다
추출 시작 물의 온도	90℃
초기 뜸들이기 시간	30초
기타	드립포트, 드립퍼(금속이나 도자기 재질의 경우) 및 드립서버는 충분히 데워서 사용한다

[그림 32] 드립퍼 하부의 온도 측정

많은 추출자들이 핸드드립 커피 추출온도에 대해 오해를 하고 있다. 90℃ 전후의 뜨거운 물로 물붓기를 시작할 때 ⓐ지점을 통과하는 초기 추출물의 온도가 80℃ 전후의 고온이라고 생각한다는 것이다. 그러나 실제 추출을 하면서 온도 측정을 해보면 처음 ⓐ지점에 닿은 물의 온도는 50℃ 전후로 떨어졌다가 물붓기가 계속되면서 상승한다. ⓐ지점의 온도 변화 추이는 다음과 같다.

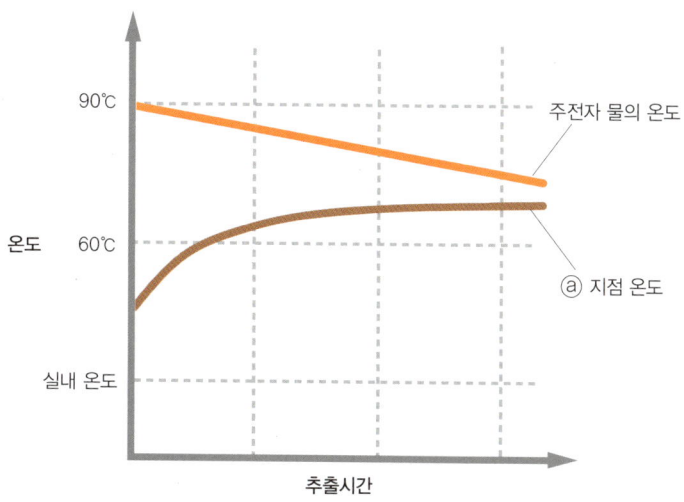

[그림 33] 추출시간의 흐름에 따른 드립퍼의 하부 온도 변화

　최초 90℃로 설정된 드립포트의 물은 시간의 흐름에 따라 온도가 일정하게 낮아지는 데 반해, 드립퍼에 담긴 분쇄커피를 통과하는 물의 온도 변화는 보다 드라마틱하게 변화한다. 분쇄 당시의 분쇄커피 온도는 실온에 가까우므로 20℃ 전후이다. 이렇게 실온상태인 드립퍼로 공급된 90℃의 물은 20℃ 전후의 분쇄커피 상부층을 거치면서 1차로 온도를 빼앗기고, 중간층을 거치면서 더욱 낮아지며, 하부층에 해당하는 ⓐ지점에서 이르르는 온도가 더욱 떨어지면서 50℃ 전후까지 급격하게 하락한다. 이런 현상은 위의 간단한 실험을 통하여 쉽게 확인할 수 있다.

　이처럼 실제 추출에 관여하는 물의 온도는 우리의 관념과 많이 다른 양상으로 변화한다는 사실에 주목할 필요가 있다. 드립포트에 담긴 물의 온도를 90℃로 맞추었다고 해도, 그것은 주전자 내부에 담긴 물의 온도일 뿐 드립퍼 안의 사정은 아니라는 것이다. 여기서 중요한 사실은 시시각각 다른 온도의 물을 접하게 되는 커피 성분은 해당되는 온도 대에 따라 각각 다르게 움직인다는 점이다. 결국 우리가 음용하는 커피에 추출된 성분은 90℃ 전후에서 추출된 성분이 아니라 그보다 훨씬 낮은 온도에서부터 시작된 것이고, 주로* 온도가 상승하면서 내놓게 되는 성분이라는 의미이다.

---

* '주로'라고 표현한 이유는 드립퍼 상부와 하부의 온도 변화 양상이 다르기 때문이다. 드립퍼 중·하부의 커피입자는 온도가 상승하는 과정을 거치지만, 맨 상부의 경우에는 뜨거운 물로 인해 짧은 시간 내에 그와 가까운 온도까지 상승한다. 그 이후 물 온도의 하락과 같은 정도의 온도로 변화하면서 추출이 진행되는 것이다. 결국 담긴 위치에 따라 커피입자들이 겪는 온도 변화의 추이는 각각 달라진다.

물 온도에 대한 또 다른 오류는 여러 추출변수들이 온도 변화에 미치는 영향을 고려하지 못하고 있다는 점이다. 실제 현장의 추출자들은 초기의 물 온도에 집중하게 되고, 그러다보니 그 과정에서 일어나는 문제는 소홀하게 된다. 요컨대 90℃에서 추출을 시작하느냐, 91℃에서 시작하느냐는 추출의 기본이긴 해도 모든 것은 아니다. 뜸들이기를 진행하는 물 양, 물을 붓는 속도, 그리고 물붓기 횟수, 각 물붓기 별 물의 양을 어떻게 안배하고 조절하느냐에 따라 200ml의 추출이 마무리되는 시점의 온도는 얼마든지 달라질 수 있다.

• 뜸들이기 물 양의 차이에 따른 ⓐ지점의 온도 변화 추이

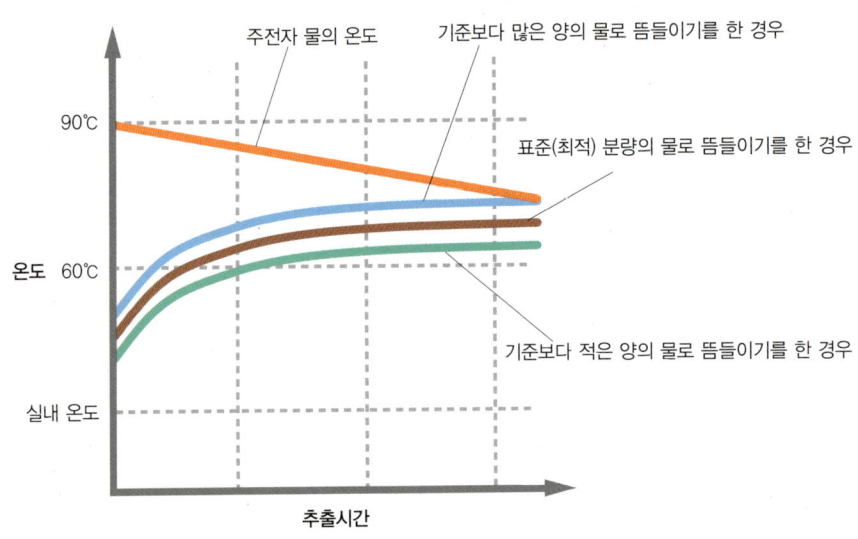

[그림 34] 뜸들이기에 사용된 서로 다른 양의 물이 드립퍼 하부 온도 변화에 미치는 영향

뜸들이기를 진행하는 물 양이 많다는 것은 90℃로 투입된 물 양이 많은 것이므로, 분쇄커피 전체의 평균온도는 상승하게 된다. 따라서 동일한 90℃에서 시작한 서로 다른 두 물붓기 과정 중, 뜸들이기 물의 양이 더 많은 쪽의 커피는 그렇지 않은 쪽의 커피보다 더 높은 온도대에서 추출되는 성분의 양이 상대적으로 더 많다.

• 물을 붓는 속도

물을 붓는 속도가 빠르다는 것은 곧 주전자 내의 물의 온도가 적게 하락되었을 때 물을 계속 공급하게 된다는 뜻으로 해석할 수 있다. 따라서 전체 추출과정에 들어가는 시간이 단축되면 될수록 더 높은 온도의 커피를 얻을 수 있으며, 더 높은 온도 대에서 추출되는 성분의 양도 상대적으로 더 많다.

• 물붓기 횟수 당 투입하는 물 양의 안배

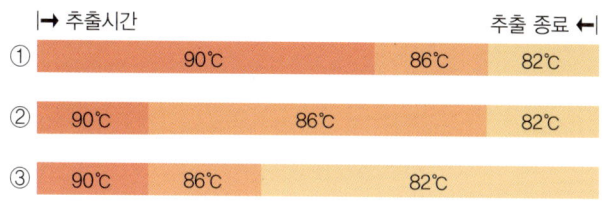

[그림 35] 물붓기 물 양의 안배

세 번의 물붓기를 진행하되, 90℃ 물로 먼저 60% 가량 물붓기를 하고, 다음으로 86℃로 20%, 마지막은 82℃로 20%를 진행하여 총 200ml를 추출해 보자. 이를 ①이라고 한다면 ②, ③의 경우보다 비교적 더 높은 온도대로 추출이 진행되고, 높은 온도에서 추출되는 성분이 상대적으로 더 많아진다. 아래 그래프처럼 드립퍼 내의 초기 온도 상승율도 높다.

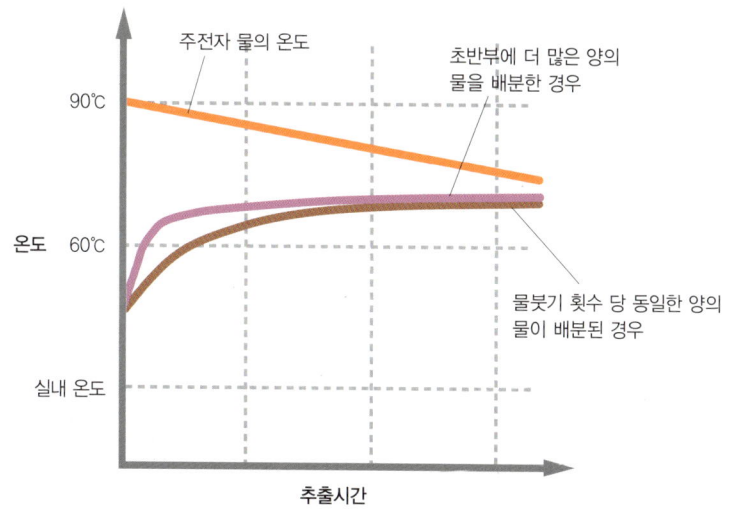

[그림 36] 물붓기 물 양의 안배 차이에 따른 드립퍼 하부 온도의 변화

8) 물붓기 방식

1차 물붓기를 통해 부풀어 오른 분쇄커피의 표면은 시간의 흐름에 따라 물이 드립퍼를 빠져 나가면서 분화구처럼 아래로 꺼지는 모양이 된다. 이어서 두 번째 물붓기를 한 다음 멈추고, 물이 충분히 빠져 내려가면 다시 다음 세 번째 물붓기를 한다. 이런 드립법을 ⓐ형 물붓기라고 하자.

이번에는 1차 물붓기를 진행함과 동시에 물이 빠져 내려가는 속도를 고려하여 물붓기를 끊지 않고 이어간다. 추출 종료시점까지 연속으로 물붓기를 진행하는 것도 핸드드립식 추출의 한 갈래라고 할 수 있다. 이를 ⓑ형 물붓기라고 해보자. 이 두 가지 방식은 서로 다른 맛의 커피를 만들어 내는데, 그 특징은 아래 그래프로 나타낼 수 있다.

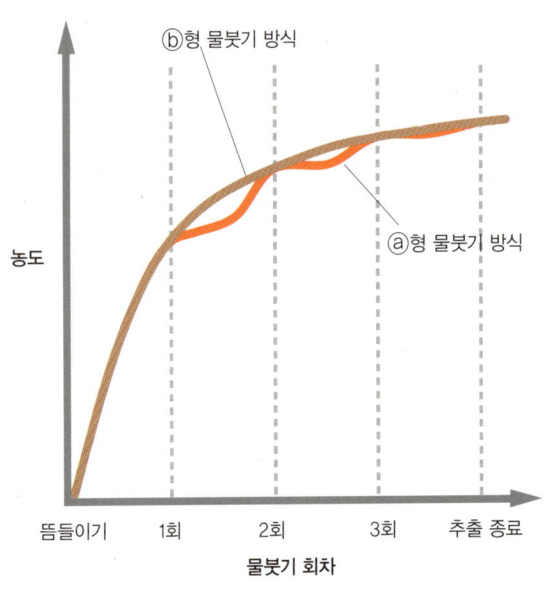

[그림 37] 물붓기 방식에 따른 농도 변화

ⓐ형 물붓기의 경우 뜸들이기가 시작되는 시점부터 농도는 증가하며, 1회차 물붓기로 공급된 일정량의 물에 의해 일시적으로 농도 증가율이 낮아져서 그래프의 기울기가 다소 완만해진다. 물 공급이 잠시 중단되는 시점에 농도 증가율은 다시 높아지며, 2회차 물붓기가 시작되면서 추가로 공급된 일정량의 물에 의해 농도 증가율은 일시적으로 낮아지게 된다.

이렇듯 수 차례의 변곡을 이루며 단속적으로 추출이 진행되는 물붓기 방식을 '비선형적 방식(Non-Linear Method)'이라 칭하고, 반대 경우를 '선형적 방식(Linear Method)'으로 정의해보자. 선형적 방식에 해당하는 ⓑ형 물붓기는 추출과정에서 물줄기를 끊는 경우 없이 연속적으로 물을 공급하는 방식으로, ⓐ와 ⓑ형 물붓기 사이에는 대체로 다음과 같은 맛의 차이가 나타난다.

선형적 방식	비선형적 방식
아날로그적, 여성적, 둥근	디지털적, 남성적, 특징적인

[표 13] 물붓기 방식에 따른 맛의 차이

9) 드립퍼의 선택

핸드드립식 커피 추출에 있어서는 도구의 구조 역시 중요한 변수로 작용한다. 구조가 서로 다른 드립퍼에 따라 물이 내려가는 흐름의 형태 역시 달라진다.

20세기 초를 시대적 배경으로 한, 일본의 한 애니메이션 영화에 등장하는 드립퍼는 대오리나 싸리로 만든 작은 조리(竹籬) 형태를 띠고 있다. 이 조리 모양의 기구에 분쇄커피를 담고, 그 아래에 잔을 받친 상태에서 상부에서부터 뜨거운 물을 천천히 부어 추출한 다음, 잔에 고인 1차 추출물에 조리를 몇 차례 넣었다 뺐다를 반복하여 커피를 완성한다.

〈출처 : 지브리社의 "The Wind is Rising"〉

[그림 38] 영화에 삽입된 커피 추출 방식

현대의 드립퍼는 최근 5년 간 더욱 다양한 소재와 모습을 지닌 도구로 발전하고 있다. 핸드드립식 추출에 적용되는 고전적인 원리를 뛰어넘거나 일부 포기하더라도 시장의 논리에 부합하여 대중화에 힘쓰는 모습도 곳곳에서 발견되고 있다. 여기서는 응용보다는 응용의 뼈대가 되는 근본 원리에 대해 논하기로 하자.

각 드립퍼는 나름의 특징과 장단점을 지니고 있다. 개인의 취향이 각양각색인 만큼, 여기에서는 특정 항목을 강조하거나 기능적 우열을 가리기보다 드립퍼 자체의 특성에 주목하고자 한다. 다양한 추출방식을 통하여 추출자의 의도에 부합되는 최적의 맛을 추구하는 것이 목적이기 때문이다. 현재 시중에 유통되고 있는 대표적 드립퍼 4종류의 구조와 그 특징을 비교 분석하면 다음과 같다.

구 분	반원추형(Half-Coniform)		원추형(Coniform)	
	멜리타	칼리타	하리오	고노
구 조				
구멍 수	1개	3개	1개	1개
리브* 특징	가늘고 높다 VS.	촘촘히 많다	가능한 한 많이 배치 VS.	중간 높이 아래에만 위치
추출 속도	약간 느리다 VS.	보통	빠르다 VS.	느리다
추출 난이도	낮다 VS.	높다	낮다 VS.	높다
맛의 특징	초심자들에게 실패가 적은 보편적인 커피	산뜻한 신맛, 가벼운 바디감, 부드럽고 맑은 커피	잡미가 없는, 깔끔하면서 부드러운 커피	진하면서도 부드러운 커피

[표 14] 드립퍼 형태별 특징

위 4가지의 드립퍼는 가장 고전적이고 일반적인 형태이다. 최근에는 각 회사들이 커피 추출체제에 대한 자기들만의 고집과 철학을 일부 내려놓고, 타사 드립퍼들의 특장점과 실용성을 적극 도입하고 있는 추세이다. 스마트시대에 걸맞는 기능과 성능, 디자인 등을 적용한 제품들도 속속 개발되고 있다. 리브를 없애는 대신 방사형 주름 여과지를 도입하는 등의 혁신적인 시도도 눈에 띈다. 앞으로도 당분간 미국이나 유럽의 매장 구조나 구매 패턴, 추출 테크닉 등을 고려해서 만든 모던 스타일의 제품이 강세를 띨 것으로 보인다.

그럼에도 불구하고 여기에서는 고전적인 모델을 중심으로 이야기하고자 한다. 그 이유는 이 모든 새로운 시도들 역시 핸드드립식 추출의 기본적인 이론을 토대로 하고 있기 때문이며, 이 이론들에 충실하면서 추출 방향성이 명확히 설정된 것이 바로 고전적인 모델이기 때문이다.

위 4가지 드립퍼의 특징을 보다 상세히 살펴보면 다음과 같다. (편의상, 이하 모델명은 거론하지 않음)

---

* **리브(Rib)** : 드립퍼 내부 표면에 아래 방향으로 세워져 있는 돌기. 리브 사이 간격이 만들어 내는 공간으로 공기가 흐름으로써 보다 원활한 커피 추출이 가능하게 된다. 드립퍼 내부의 리브가 품을 수 있는 공간이 많을수록 공기 흐름이 원활하게 되며, 추출과정을 마무리한 커피가 드립퍼를 벗어나는 속도도 빠르다.

① 멜리타 드립퍼

여과식 드립퍼는 멜리타 벤츠(Melitta Bentz, 독일) 여사의 고안에서 비롯되었다. 놋쇠 그릇에 구멍을 뚫고 연습장을 찢어 필터로 삼았는데, 그것이 조금씩 개선되면서 지금에 이른 것이다.

모든 도구에는 설계자의 철학과 고뇌가 숨어 있기 마련이다. 이 철학과 고뇌는 구현된 구조를 통해 결과물로 반영된다. 아이러니한 사실은 멜리타보다 훨씬 뒤에 개발된 칼리타 드립퍼가 일본이나 한국에서 핸드드립식 커피 추출의 표준모델로 주목받는다는 사실이다. 이는 칼리타가 세분화되고 섬세한 맛을 내는데 더 유리하다는 점(때때로 추출자를 고뇌에 빠지게도 하지만) 때문으로 판단된다.

멜리타 드립퍼 역시 공존하는 것은 칼리타에 비해 덜 민감하여 추출 과정에 대한 부담이 적기 때문이다. 멜리타 모델은 지금까지도 유럽 시장에서 높은 인지도를 유지하고 있으며, 멜리타 사에서는 "The Flavor of Europe in Every Cup"이란 문구로 홍보하고 있다.

멜리타 드립퍼가 가진 가장 기본적이면서도 중요한 요소는 드립퍼 하부의 추출구가 한 개 뿐이라는 점이다. 구멍이 한 개라는 것은 곧 실제 추출 시 커피의 배출이 느려짐을 의미한다. 이를 보완하기 위해 멜리타에서는 별도의 두 가지 장치를 마련해놓고 있다.

그 첫째는 내부 바닥을 폭이 넓도록 설계하고, 바닥까지 리브를 이어줌으로써 추출된 커피들이 모두 배출될 때까지 잠시 머물 수 있는 공간(추출이 일어나는 현장과 구분된 일종의 Chamber 개념)이 마련되어 있다는 것이다. 또, 이 공간에 모인 커피들이 더 빠른 속도로 구멍을 빠져나갈 수 있도록 하기 위해서는 원활한 공기의 유입이 필요하다. 이를 위해 리브의 단면이 다른 드립퍼에 비해 가늘고 높게 설계되어 있는데, 이것이 바로 멜리타 드립퍼의 두 번째 보완장치이다. 리브 위에 여과지를 얹었을 때 만들어지는 충분한 공기 공간은 드립퍼 용량에 적합하도록 설계되어 있다. '멜리타 아로마' 모델처럼 구조를 달리하는 다른 드립퍼에도 이 원리는 그대로 적용된다.

이러한 구조 덕택에 추출자는 편하게 추출할 수 있다. 덜 조심스러운 물줄기로 물을 공급하더라도 드립퍼 내부에 물이 어느 정도 적체되면서 추출이 일어나므로 완성도를 떠나 실패율이 낮다. 반면 물줄기를 드립퍼의 벽쪽에 너무 가까이 가져갈 경우, 커피를 거치지 않고 여과지를 바로 통과한 물이 리브가 만드는 넓은 공기통로를 통해 하부로 그대로 흘러나오게 되므로 유의해야 한다.

② 칼리타 드립퍼

　　오디오 스피커로 비유하면 스튜디오의 모니터용 스피커라 하겠다. 올바른 방법으로 물붓기를 진행할 경우 신맛은 신맛대로, 쓴맛은 쓴맛대로 가감 없이 표현된다. 핸드드립식 추출 연습을 시작할 때 가장 적합한 드립퍼인 동시에 가장 나중에까지 손에서 놓을 필요가 없는 드립퍼이기도 하다.

　　반원추형 드립퍼로서 최상부의 단면은 원형이지만, 아래로 내려갈수록 점점 길어지는 타원형의 구조를 갖고 있다. 따라서 원두의 양이 소량일 때는 물붓기 물줄기를 타원형 형태로 돌려야 하며, 물줄기의 불규칙한 굵기 변화에 민감하게 맛이 변하는 특징을 가진다.

　　각 드립퍼는 여타 드립퍼와 구분되는 선명한 특징을 갖고 있으며, 이 특성은 제조사의 커피 추출 철학을 대변한다. 이 특징들로 인해서 추출자들은 드립퍼를 선택하기도 하고, 이 특징으로 말미암아 드립퍼를 바꾸기도 한다.

　　칼리타 드립퍼와 멜리타 드립퍼의 비교를 통해 반원추형 드립퍼의 특징을 살펴보자.

구분	멜리타 드립퍼	칼리타 드립퍼	비 교
추출 흐름			멜리타는 추출구가 중앙부에 하나만 뚫려 있다. 좌우측면으로 추출된 커피가 이동하는 경로가 중심부보다 상대적으로 길기 때문에 부분적으로 추출수율이 고르지 않은 현상이 발생한다. 반면, 칼리타는 적절히 구멍이 추가되어 물의 횡적 유동 경로가 최소화되고, 수직적 흐름에 의한 추출이 순차적으로 진행됨에 따라 추출수율이 고른 분포를 나타낸다. 따라서 보다 섬세하고 구분되는 맛의 표현이 가능하다.
바닥 모습			멜리타 하부는 비교적 넓고 리브가 바닥까지 이어져 있어, 추출된 커피가 하나의 구멍으로 빠져나가는 동안 잠시 머무를 수 있는 구조로 되어있다. 반면 칼리타는 그런 공간이 없는 대신, 세 개의 구멍을 통해 원활히 배출되는 구조이다.
리브 모습			멜리타의 리브는 얇고 높아서 전체 리브가 품을 수 있는 공간이 넓다. 반면 칼리타에는 세 개의 구멍이 있어서 유속을 의도적으로 빠르게 유도할 필요가 없다. 그래서 리브는 상대적으로 낮고 리브가 품는 공간도 상대적으로 좁다. 따라서 칼리타 드립퍼를 이용하여 추출할 때 과도한 양의 물을 한꺼번에 공급하면 부작용이 생길 수 있으므로, 더욱 세심한 물줄기 조절이 필요하다.

[표 15] 반원추형 드립퍼 종류별 특징

③ 하리오 드립퍼

'하리오'는 일본어로 '유리의 신(神)'을 뜻한다. 커피용품 외에 다양한 주방용기도 제조하고 있는 하리오 사는 제품 디자인과 마케팅에 있어 가장 혁신적인 방향을 채택함으로써 타사와 차별화를 꾀하고 있다. 뛰어난 유리 가공기술과 글로벌한 마케팅력을 기반으로 최근 세계 커피용품 시장에서의 시장점유율을 늘려가고 있는 브랜드이기도 하다. 다양하고 실용적인 제품으로 호평을 받으면서 미국의 유력 커피매장들이 하리오 핸드드립 기구를 사용한다.

하리오 드립퍼는 고노 드립퍼와 함께 원추형 구조를 채택하고 있다. 반원추형 드립퍼와 원추형 드립퍼의 특징을 비교하면 아래와 같다.

구분	반원추형	원추형
제조사	멜리타, 칼리타	하리오, 고노
구조		
물의 유동	[단점] 물의 유동이 다소 복잡한 방향으로 전개될 소지가 크므로, 물줄기 방향과 조절에 더욱 유의해야 한다.	[장점] 드립퍼 내 물의 흐름 형태가 단조로워 수평적으로 균일한 추출수율을 기대할 수 있다. 균형 잡힌 커피를 얻는 데 유리하다.
추출 수율 편차	[장점] 추출된 커피를 한 곳으로 모아야 하는 현실적인 제약 때문에 하부 커피의 추출수율이 상부보다 더 높아지는 현상이 생긴다. 하부 모양을 가로로 길게 늘이는 구조로 이를 보완하고 있다.	[단점] 상부와 하부에 위치하는 커피량의 편차가 크므로, 상하부간 추출수율의 편차가 큰 구조이다.

[표 16] 반원추형과 원추형 드립퍼의 특징

위의 표를 통해 추출자는 각 드립퍼의 구조적 장점을 활용하고 단점을 역이용하는 물붓기 방법을 구사할 필요가 있다. 이를 바탕으로 추출자 의도에 가장 부합하는 커피를 만들어내는 데 역점을 둔다면 제한된 추출환경을 극복하는 데 크게 도움이 될 것이다.

진한 커피를 추구하려는 추출자에게 하리오 드립퍼의 빠른 추출속도는 단점이 될 수 있다. 그러나 연하고 부드러운 커피, 향이 풍부하고 산뜻한 커피를 원하는 경우에는 장점으로 작용한다. 따라서 장점과 단점을 넘나들며 상황에 적합한 드립퍼를 선택하는 자세가 요구된다. 핸드드립식 커피 추출에 있어서 드립퍼의 선택은 매우 중요한 추출변수 중 하나이다.

하리오 드립퍼의 가장 큰 장점은 빠른 추출속도이다. 굵고 높은 리브를 곡선으로 배치하고 맨 상단부에는 부가적인 리브까지 추가하여 공기가 흐를 수 있는 공간을 극대화함으로써 빠른 추출속도를 구현했다. 미국의 유력 커피매장에서 하리오 드립퍼를 선택하고 있는 이유 중 하나를 빠른 추출속도가 주는 장점으로 유추해 볼 수 있다. 일일이 손으로 추출해야 하는 핸드드립식 커피의 매력, 밀려드는 손님들에게 신속히 서비스할 수 있는 점을 동시에 만족시키는 절충점으로 채택하였을 것으로 판단된다.

하리오 드립퍼로도 매우 진한 커피를 추출할 수 있다. 추출변수 가운데, 커피량을 늘이고 분쇄도를 높여서 입자를 가늘게 조절한 상태에서 추출속도를 현저히 떨어뜨려 추출수율(유효향미의 범위 내에서)을 높이는 방법을 사용할 수 있다. 이처럼 드립퍼의 한계에 도전하는 추출자의 노력으로 또 하나의 가치 있는 시도와 훌륭한 결과물을 얻게 된다. 추출변수를 자유자재로 다루고 응용할 수 있다는 것은 곧 각 기구가 가지고 있는 일반적인 단점을 뛰어넘게 됨을 뜻한다. 명필은 붓을 가릴 필요가 없는 것과 이치가 같다.

④ 고노 드립퍼

먼저 하리오 드립퍼와의 비교를 통해 고노 드립퍼의 특징을 살펴보자.

구분	하리오 드립퍼	고노 드립퍼	비 교
리브 모습			붉은 색 표시는 리브가 존재하는 영역을 나타낸다. 고노 드립퍼는 중간 높이 이하에만 리브가 존재하며, 최근 제품에서는 그 위치를 아래로 더 내려 리브의 길이가 짧아지는 경향도 관찰된다.
바닥 모습			하리오 드립퍼에 비해 고노 드립퍼 구멍의 지름이 더 작다.

[표 17] 원추형 드립퍼의 리브 형태별 특징

앞의 비교에서와 같이 고노 드립퍼 상단부에는 리브가 존재하지 않는다. 이 때문에 여과지를 장착하고 분쇄커피를 담아 추출을 시작하면, 물에 젖은 여과지가 드립퍼 안쪽 표면에 밀착되는 환경이 만들어진다. 그 결과 외부로부터 공기유입 자체가 차단되어 추출속도는 더욱 저하된다.

이 구조는 또 다른 하나의 중요한 현상을 초래하게 되는데, 드립퍼의 중간높이보다 더 많은 양의 분쇄커피를 담는 경우에 해당된다. 이 경우 투입되는 물이 충분히 많아도 리브가 시작되는 위치에 이르지 않고서는 여과지를 통과하여 리브 공간을 통해서도 빠져나갈 기회가 없다는 것(드립퍼 내부에 물을 강제적으로 가둠으로써 추출수율 상승을 유도하는 것)을 의미한다. 결과적으로 고노 드립퍼는 추출변수 중 추출속도를 느리게 제어하는 적극적인 구조를 가지고 있다. 그래서 드립퍼 중 가장 진한 커피를 추구하기에 유리하다.

이번에는 고노 드립퍼의 구멍에 관해 분석해보자. 추출과정을 마친 커피가 구멍 전체를 통해 아래로 쾰쾰 빠져 내려오는 것은 아니다. 따라서 하리오 드립퍼의 구멍 지름과의 편차가 추출속도에 직접적인 영향을 준다고 할 수는 없다. 그럼에도 불구하고 두 드립퍼 모두 12개로 동일한 개수의 리브가 함께 모이는 아랫부분의 틈새는 하리오에 비해 고노 드립퍼가 좁다. 또, 커피입자를 거쳐 맨 하부까지 내려온 액체가 드립퍼를 떠나는 최종 관문, 즉 '여과지의 뾰족한 부분(구멍 아래로 삐져나와 위치하게 되는 꼬깔 모양의 여과지 부분)'의 표면적 역시 고노가 좁게 설계되어 있다.

이 두 가지는 유속을 느리게 만든다. 그러므로 과도한 양의 물을 투입할 경우 흐름의 정체현상으로 인한 과다추출이 발생될 수 있으므로 유의해야 한다. 이런 특징들은 고노 사의 의도대로 설계된 결과이며, 진하고 깊이 있는 커피의 향미를 즐기려는 사람들을 중심으로 두터운 마니아층을 보유하고 있는 이유이기도 하다.

이로써 4가지 형태의 고전적인 드립퍼가 핸드드립식 추출법에 있어서 어떤 변수로 작용하는지에 대하여 살펴 보았다. 또한, 각 형태의 드립퍼가 특징적인 커피 추출을 위하여 적극적으로 대응하고 있다는 사실도 확인하였다.

⑤ 드립퍼의 재질

드립퍼의 재질과 관련한 내용을 살펴봄으로써, 재질이 커피 추출에 관여하는 영향에 대해서 확인해보자.

▶ 플라스틱 재질

플라스틱은 가장 저렴하고 보편적인 드립퍼의 소재이지만, 일부에서는 환경호르몬에 대한 염려를 제기하기도 한다. 플라스틱 재질의 장점은 열전도율이 낮다는 것이다. 드립퍼로 투입된 물의 온도가 온전히 분쇄커피에게만 적용될 때 가장 이상적인 추출환경이 조성되지만, 현실적으로는 다양한 요소에 의해 온도를 빼앗기는 경우가 많다. 빼앗기는 열을 막는 것은 핸드드립식 커피 추출에 있어서 매우 중요한 조건이 된다. 따라서 도자기 재질이나 금속 재질의 드립퍼를 사용하거나 금속제 여과필터를 사용할 경우에는 온도를 뜨겁게 높인 뒤 사용하는 등 온도보전 노력이 필요하다.

유해성과 관련해서 필자는 우려할 만한 수준이 아니라는 데 동의한다. 추출과정에서 플라스틱 드립퍼를 뜨거운 물에 장시간 담글 일이 없는데다가 커피를 통과한 물이 여과지를 거쳐 드립퍼에 닿게 되므로, 환경호르몬 용출 우려는 배제해도 무방하다고 본다. 오히려 널리 사용되고 있는 1회용 종이컵 내부의 코팅비닐이나, 아이스음료용으로 사용되는 1회용 투명 플라스틱이 그에 비해 훨씬 더 유해할 수 있다. 참고로 1회용 종이컵에 뜨거운 물을 붓고 2분간 기다린 뒤 그 물을 마셔보면 물맛이 달라졌음을 바로 알 수 있는데, 평소에는 커피 맛에 가려져 잘 느끼지 못한다.

플라스틱 드립퍼는 세척과 보관도 비교적 용이하다.

▶ 도자기, 유리 재질

사출 방식으로 제조된 플라스틱 드립퍼를 제외한 도자기나 유리, 금속 재질의 드립퍼는 모양을 만들고 가공하기가 까다롭다는 한계를 가지고 있다. 리브는 각이 뭉툭한 모양으로 만들어지게 되고, 구멍을 연장하여 관(管, 대롱)의 형태로 만들기도 어렵다. 결국 도자기나 유리 재질의 드립퍼는 인체에 무해하다고 주장할 수 있는 반면, 추출과정만 본다면 불리한 소지가 많다.

도자기나 유리는 플라스틱에 비해 열전도율이 높기 때문에 사용하기 직전에 필히 온도를 높여주어야 물의 온도가 추출과 무관하게 하락하는 현상을 막을 수 있다. 드립퍼 주변에서 물의 온도가 급격히 하락하는 지점이 생기면, 그 지점에서의 추출성분은 불규칙해질 수밖에 없다. 특히 도자기 드립퍼의 가장자리 부분은 중앙부보다 훨씬 낮은 온도대에서 추출되는 성분이 더 많아지게 되므로 균형 잡힌 커피를 얻기에도 불리하다.

유리 재질은 파손에 특히 주의하자. 커피 기물의 파손은 세척할 때 주로 발생하게 되는데, 순간적인 실수가 치명적인 상처를 남기기도 하므로 조심해야 한다.

▶ 금속 재질

 금속 역시 세밀한 가공을 하는 데에 어려움이 있는 소재이다. 플라스틱 드립퍼와 모양은 유사해 보이지만 내부 구조의 차이에 따라 전혀 다른 맛의 커피가 추출되기도 한다. 금속 재질 중에서 특히 동(銅) 제품*은 세심한 관리가 필요한 제품이다. 그렇지 않고 소홀하게 다루거나 방치할 경우에는 표면이 오염되거나 색이 바래고 잔금이 생길 수 있다는 점에 유의해야 한다.

 모든 금속 재질의 드립퍼 역시 사전에 충분히 데워서 사용하는 것이 좋다. 또한 사용한 후에는 내부를 깨끗이 닦은 다음 물기를 말려주어야 부식을 방지할 수 있다. 특히 동드립퍼 내외부의 커피 기름때를 오래 방치하면 표면이 어둡게 변색되므로 세척제나 세정제 등을 이용해서 잘 닦아줄 필요가 있다.

 아래는 칼리타 제품으로 동일한 외양을 가진 플라스틱과 금속 드립퍼의 핵심적인 차이점을 비교한 것이다. 전혀 다른 맛의 커피가 추출되므로 각각의 특징을 살릴 필요가 있다.

구분	플라스틱	금속	비 교
리브 형태			금속 드립퍼의 경우, 손잡이 부분과 그 맞은편 면에는 리브가 없으며, 아래 방향으로 이어진 리브는 맨 하단부에 이르기 전에 끝난다. 여과지가 바닥에 밀착되는 현상을 방지하기 위해 안쪽으로 돌기를 4개 마련하고 있다. 플라스틱 드립퍼의 리브는 바닥에 이르기까지 각도를 바꾸어 연장되어 있으며, 여과지를 더 잘 떠받칠 수 있도록 되어 있다.
바닥 모습			금속 드립퍼 역시 3개의 구멍을 갖고 있으나, 드릴링에 의해 구멍만 뚫어놓은 형태이며 그 지름도 플라스틱 드립퍼보다 크다. 반면 더 작은 지름을 가진 플라스틱 드립퍼의 구멍에는 돌기 형태로 관(管, 대롱)이 만들어져 있다. 유체와의 마찰력에 의해 유속이 더욱 느려지는 구조이다.

[표 18] 서로 다른 재질의 드립퍼 비교

---

* **동(銅) 제품** : 일전도율이 높은 소재는 그만큼 더 빨리, 더 많은 열을 흡수하고 전달시키므로 열의 보존에는 불리하다. 필자가 동드립포트를 사용하는 이유는 핸드드립이 진행되는 동안 더 큰 폭으로 변화하는 물의 온도차이를 추출에 이용하려는 데 있다.

10) 기타 추출변수

지금까지 핸드드립식 추출법에 따르는 주요 추출변수에 대해 알아보았다. 한 잔의 커피가 만들어지기까지에는 이 외에도 수많은 변수들이 존재한다. 심지어는 서로 다른 계절의 실내온도 차이도 설정된 물의 온도 하락을 더욱 가속시키는 요소가 된다. 이런 다양한 변수들은 미미하나마 추출성분비의 변화를 초래하기도 한다. 주요 추출변수에 비해서는 다소 영향력이 약하지만, 변수로 작용하는 몇 가지의 요소에 대해 살펴보자.

① pH(Hydrogen Exponent)와 경도(Water Hardness)

pH는 액체의 수소이온 농도를 나타내고, 경도는 칼슘과 마그네슘의 농도를 나타내는 지표이다. 이 수치가 서로 다른 물이 투입되면 추출된 커피의 맛도 서로 다르게 표현되므로 추출변수라고 할 수 있다. 물성은 핸드드립식 추출법 이외에도 에스프레소를 포함한 모든 형태의 커피 추출에도 해당되는 문제이기도 하다. 전문 바리스타는 매장에서 사용하는 물의 특성에 따라 적절히 대처할 수 있어야 한다. 한 예로 고속도로 휴게소의 경우를 들어보자. 휴게소는 대개 일반 상수도 공급이 어려운 오지에 위치해 있기 때문에 지하수를 이용하는 경우가 많다. 이러한 휴게소에 입점한 커피전문점이 지하수 수질의 특성에 적절히 대응하지 못하면 커피 맛에도 문제가 생긴다. 심지어 지하수의 석회질로 인해 에스프레소 기기의 관로가 막혀서 영업이 중단되는 사태를 빚을 수도 있다.

pH와 경도가 맛에 미치는 영향은 그 수치에 따라 다르다. 아직 명확하게 선을 그을 수 있는 데이터가 제시되지는 않았지만, 물분자와 이온화된 미네랄 성분, 커피의 성분들의 화학적 상호작용의 결과로 나타나는 맛의 특징은 아래와 같이 표현된다.

산성 (pH7↓)	약한 바디감, 부드러운, 신맛
알칼리성 (pH7↑)	쓴맛, 무거운 느낌, Flat
연수 (경도 75↓)	단맛, 산미, 감칠맛, 향미 증가
경수 (경도 150↑)	쓴맛, 거친 맛, 어두운, 바디감, 청량감

[표 19] pH와 경도가 커피 맛에 미치는 영향

참고로 정수한 수도물은 커피 추출에 있어서 긍정적인 평가를 받는다. 서울시상수도사업본부(아리수)에서 공시하고 있는 구(區)별 pH와 경도는 아래의 범위로 확인된다.

pH	경도
7.0 ~ 7.2	76 ~ 82

[표 20] 서울시 수도물의 pH와 경도

② **여과도구의 소재(素材)**

여과도구는 여과 조직의 간격, 사용 편의성, 추출물에 미치는 영향 등을 고려하여 선택할 수 있다. 여과도구의 소재가 달라진다는 것은 곧 물질의 여과 정도, 즉 물질이 빠져나갈 수 있는 틈의 크기가 달라짐을 의미한다. 그에 따라 쉽게 빠져나가는 성분이 추가로 생기거나, 반대로 더 많은 성분이 걸러지는 현상이 일어나게 된다는 것이다. 조직의 틈이 큰 소재 순으로 나열하면 아래와 같다.

금속 〉 융 〉 얇은 종이 〉 두꺼운 종이

▶ **종이**

보편적으로 가장 많이 사용되는 소재이다. 무엇보다 사용하기가 간편하고 추출 후 처리가 손쉽다는 장점을 가지고 있다. 종이(Paper) 여과지(Filter)는 조직이 치밀하여 융이나 금속필터에서 통과하는 오일성분이 종이 여과지에서는 걸러지게 된다. 이 때문에 바디감의 손실이 불가피하지만, 깔끔한 뒷맛을 추구하기에 좋다. 종이 여과지는 표백지(Bleached Paper)와 무표백지(Unbleached Paper)로 나뉘며, 표백지는 흰색, 무표백지는 밝은 황토색을 띠고 있다.

반원추형 드립퍼용 표백 여과지   반원추형 드립퍼용 무표백 여과지

[그림 39] 표백 여과지와 무표백 여과지

커피 여과지로 쓰이는 종이 원단은 거의 대부분 산소계 표백처리를 하고 있다. 따라서 인체 유해성을 염려해서 무표백 여과지를 고집할 필요는 없다고 판단된다. 무표백 여과지를 통해 커피를 추출할 경우에는 이른바 '종이 맛' 나는 커피가 되는 경우도 있으므로 유의해야 한다.

시중에서 판매되는 여과지는 같은 회사 제품이라도 얇고 저렴한 제품, 상대적으로 두껍고 조금 더 비싼 제품이 있다. 일반적으로 두께가 두꺼운 제품이 더 선명하고 깔끔한 맛을 구현해준다.

여과지 재질 개발의 혁신적인 시도

보편적인 종이 재질 여과지의 한계를 뛰어넘는 혁신적 시도들도 근래 발견된다.
멜리타社는 레이저를 이용하여 종이 원단을 미세하고 조밀하게 타공(Perforation)한 제품을 만들어 냈는데, 이 제품으로 기대할 수 있는 효과는 오일 성분이 통과할 수 있도록 하여 바디감 상승을 도모하는 데 있다. 또한 종이 원단의 소재도 다변화하여 대나무를 60% 사용하거나 침엽수의 섬유질을 활용하는 등, 추출된 커피가 최종적으로 걸러지게 하는 도구의 개념을 넘어 맛을 개선시키는 범주까지 그 기능이 확대되고 있다.

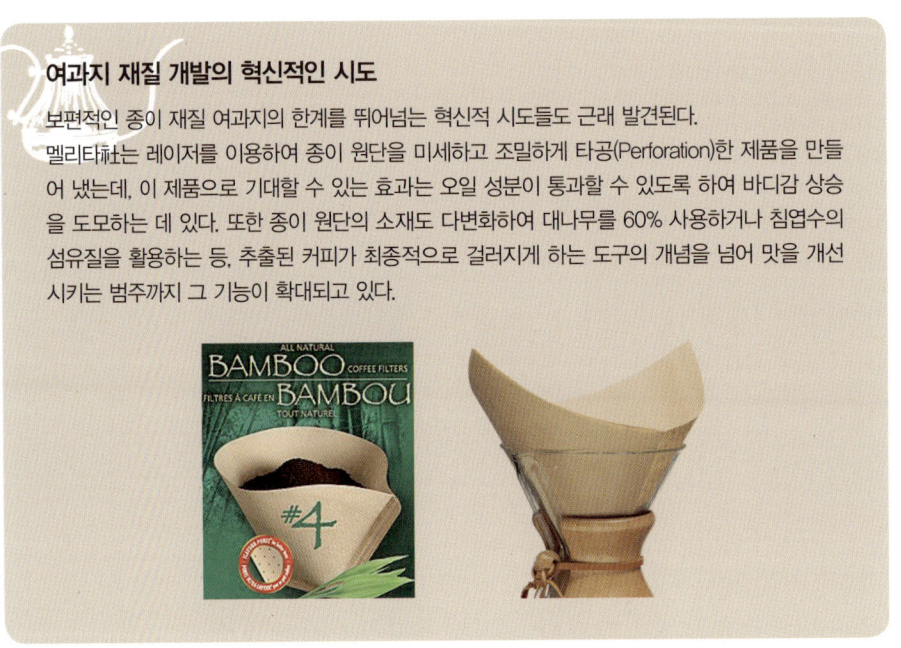

▶ 융(絨, Cotton Flannel)

여과 소재로써 '융'을 사용할 경우에는 더욱 풍부한 향미의 커피를 기대할 수 있다. 천의 일종인 융의 조직은 종이보다 넓다. 커피의 오일성분이 보다 넓은 조직을 통과해 추출되므로 바디감이 향상되고, 향미가 더욱 풍부하며, 맛의 여운(After Taste) 역시 향상되고 지속되는 결과물을 얻을 수 있다. 반면에 융털의 손상이 빠르게 일어나고 보관이 번거롭다는 단점도 가지고 있다.

그럼에도 불구하고 융을 이용한 핸드드립이 행해지는 것은 융을 대신할 소재가 마땅치 않고, 다른 소재로는 흉내 내기 어려운 독특한 풍미를 기대할 수 있기 때문이다. 융을 이용한 핸드드립 추출에 대해서는 갑론을박이 있으나, 이 역시 융드립에서만 얻을 수 있는 특성에 집중할 필요가 있다. 아메리카노와 같은 커피를 만드는데 관리가 까다로운 융드립 기구를 사용한다면, 커피 자체의 품위보다 퍼포먼스에 더 큰 점수를 부여할 수 있을 것이다.

▶ 금속

핸드드립식 추출법에 사용하는 금속제 여과도구는 올바르게 관리할 경우 반영구적으로 사용할 수 있다는 것이 장점이다. 비교적 큰 여과구멍을 통해 오일성분이 함께 빠져나오기 때문에 종이 재질보다 바디감이 있고 향미가 풍부한 커피를 즐길 수 있다. 반면에 다른 소재보다 여과구멍이 커서 분쇄커피의 미세한 입자까지 커피와 함께 통과되기 때문에 잔의 바닥에 희미한 잔유물이 남게 되는 단점도 가지고 있다.

금속필터는 대개 성형을 통해 형태를 만들고, 그 자체가 드립퍼 역할을 하기 때문에 종이나 융을 이용하는 일반적인 드립퍼의 리브 효과를 기대하기 어렵다. 그래서 커피 추출과정에 작용하는 변수가 적어서 일관된 맛을 유지하기에는 유리한 반면, 추출자의 의도대로 맛과 향을 조절할 수 있는 여지가 적어진다. 그 결과 기계적인 추출 결과에 의존하게 되는 측면이 강하다.

금속 재질의 필터를 사용할 경우에도 금속 드립퍼처럼 세심한 관리와 청소가 요구된다. 미세한 망 구조로 되어 있어서 자칫하면 찢어지거나 휘어지기 쉽다. 구멍 사이에 커피찌꺼기나 이물질이 낄 가능성이 많으므로 부드러운 솔 등으로 깨끗하게 청소해야 하며, 물기를 제거한 상태에서 보관하는 것도 잊지 말아야 한다.

[그림 40] 다양한 금속 재질의 여과도구

융드립의 용어

커피산업과 관련한 '융(絨)'은 한국에서 다양하게 표기되고 있다. 먼저, 검색창을 확인해보면, "면사를 사용하여 평직 또는 능직으로 짠 후 보풀이 일게 한 직물. 감의 촉감이 부드럽고 벌키(bulky)한 느낌을 준다"로 확인된다. 〈출처[네이버 지식백과] 융[絨] (패션전문자료사전, 1997.8.25., 한국사전연구사)〉

여기서 '면사'를 사용하였다고 했으므로 영문으로는 'Cotton Flannel'이 맞다. 현재 시중에서 판매되는 거의 대부분의 융필터는 'Cotton Flannel'을 이용해서 만든 것으로 확인된다. 하리오에서 판매하는 'Nel Drip Set'에 포함된 융필터의 소재 역시 동일하게 표기되어 있다.

역사적으로 목화가 널리 재배되기 전까지는 플란넬(Flannel, 16세기 영국 웨일즈 지방에서 생산되기 시작한 양모 직물)이 일상에서 다양한 용도로 사용되었을 것이다. 이런 점을 감안하여 융드립의 경계를 넓혀 본다면, 두산백과에서 표기하고 있는 융드립의 영문 표기 'Flannel Drip'역시 설득력이 있다고 보아야 한다. 하지만 출처가 확인되지 않음에도 불구하고 우리나라와 일본에서는 주로 '넬(Nel)드립'이란 용어를 쓰고 있는 실정이다. 그렇다면 어떻게 표현하는 것이 올바른 것인가?

필자의 판단으로는 '넬(Nel)드립'은 영어식 발음에 불리한 일본인들이 그 대안이자 절충안으로 'Flannel'의 끝자리 세 개 철자 '-nel'을 따서 명명한 것으로 분석된다. 이것을 이 책에서는 '융드립'으로 표기하였다. 이와 관련한 근거자료는 일본의 Japan Times 저널 2010년 3월 26일자에 게재된 칼럼에서 확인된다. 아래는 해당 칼럼을 발췌한 내용이다.

"At Cafe Fouquet's in Tokyo's Futako Tamagawa, Seiichiro Murayama uses a Japanese invention known as a 'nel drip.' His method, he says, produces the coffee best suited to the Japanese palate. The nel (from "flannel") is a cloth cone attached to a handle, packed with coffee grounds."

유사한 사례로 에티오피아의 'Yirgacheffe'의 경우 역시 '예가체프', '이르가체프', '이르가체페' 등 다양하게 표기되고 있으나, 커피 다큐멘터리 'Black Gold'의 배경이 되었던 해당 지역 현지인의 발음에 따르면 '이르가체페'로 확인된다. 또 '모카 하라(Mocha Harrar)'의 '하라'는 '하라르'로 발음하고 있는 것으로 미루어 이 역시 일본의 약식발음이 검증 없이 한국으로 도입된 결과로 보인다.

용어는 가장 많이 쓰는 말로 굳어지기 마련이다. 이미 토착화된 표현은 되돌리기 어렵지만, 커피에 대해 올바른 지식을 제공하고자 하는 의지와 노력 역시 커피인들의 역할일 것이다.

③ 혀의 컨디션

스테이크를 먹고 난 다음에 마시는 커피의 맛과 낙지볶음을 먹은 후에 마시는 커피의 맛은 서로 다르게 느껴진다. 동일한 커피를 통해서 서로 다른 맛을 느끼게 된다면, 이 역시 커피의 맛을 좌우하는 외부적 변수라고 할 수 있다.

맛을 느끼는 센서(혀)의 상태에 따라서 우리의 뇌는 각각 다르게 반응하는 속성을 지니고 있다. 뇌의 이런 지각에 대한 연구는 오래 전부터 있어왔고, 최근까지도 활발한 연구가 이어지고 있다. 그럼에도 불구하고 혀의 미각 세포가 어떻게 맛을 느끼며, 신경세포를 통해 뇌로 전달되는 과정에서 어떻게 받아들여지는가에 대한 의문은 여전히 풀리지 않는 숙제로 남아 있다. 이런 상태에서 우리는 오늘도 커피를 맛보고 판단하고 있는 것이다.

뇌의 지각과 감각은 커피를 통한 만족감을 논할 때 매우 중요한 부분이다. 여기에 대해서는 차후 더욱 깊이 있는 과학적 접근이 이루어져야 할 것이다. 각 개인의 특별한 행복감에 영향을 주는 커피는 결국 외부적 요인보다 내부적인 해석과 만족도에 의해 좌우되기 때문이다. 그것은 커피가 미학이나 철학적 단계로 나아가는 관문이기도 하다.

혀는 인간이 맛을 느끼는 1차 감각기관이다. 고전적으로 볼 때, 혀의 미각구조*는 아래와 같다.

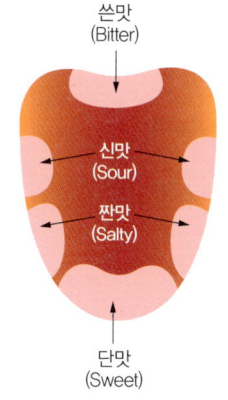

[그림 41] 혀가 맛을 느끼는 부위

---

* **혀의 미각구조** : 혀의 미각구조에 대해서는 학자마다 조금씩 다른 입장을 보이고 있다. 혀의 양 가장자리에서 신맛을 느끼고, 그 외의 남은 부분에서 짠맛을 감지한다는 주장도 있다.

여기에 제5의 미각으로 일컬어지는 'Umami(MSG 등에 반응하는 느낌, 감칠맛)', 혹은 'Savory(풍미있는 맛)'가 더해지면서 미각의 종류가 더욱 세분화되고, 그 인지경로와 정도에 대한 연구도 활발하게 이루어지고 있다. 최근에는 고전적인 미각구조를 넘어 혀에 분포되어 있는 모든 미각세포들이 모든 맛에 반응한다는 주장도 제기되었다. 신경세포가 뇌로 어떤 미각정보를 어떻게 전달하느냐에 따라 맛의 종류나 느낌이 달라진다는 연구결과*도 발표된 바 있다. 나아가 TRPM5(양이온 통로, 신경을 통해 미각정보를 뇌로 전달하는 단백질)의 온도 변화에 따른 미각세포의 반응에 관한 연구**도 나왔다. 동일한 음식을 서로 다른 온도에서 맛볼 경우 맛을 다르게 인지하거나 아예 못 느끼기도 한다는 것이다.

이런 연구는 커피인의 입장에서도 매우 흥미로운 사실이자 주목해 봐야 할 내용이다. 커피의 맛과 관련한 다양한 연구는 결국 소비자의 만족도와 직결되는 사안이기 때문이다.

> "신맛 많은 커피가 좋아요!"
> 특정 맛에 대해 일반적인 수준보다 더 높은 수준을 요구하는 것은 그 맛을 좋아하고 즐기기 때문일 것이다. 반대로 그 맛에 대한 미각세포의 반응이 느리거나 반응 정도가 약할 경우일 수도 있다. 이런 사람이 특정한 맛을 통해 일반적인 수준의 만족감을 얻기 위해서는 상대적으로 더 많은 농도를 요구하기 마련이다.
> 이런 관점에서 본다면, 유독 신맛에 집착하는 사람은 오히려 신맛에 둔감한 미각의 소유자일 가능성이 크다. 더 많은 신맛이 제공되어야만 비로소 적정한 만족감을 얻게 된다는 논리가 그대로 적용될 수 있는 것이다. 단, 맛에 대한 호불호는 지극히 개인적인 기호와 취향의 영역이므로, 미각의 민감도나 만족도로 우열을 가름할 수는 없다.

11) 이상적 추출 vs 현실적 추출

지금까지 핸드드립의 이론과 관련하여 추출의 개념에서부터 추출변수의 이해에 이르까지 방대한 지식을 살펴보았다. 이는 한 잔의 '완벽한 커피 만들기'라는 과제를 해결하기 위해서가 아니라 추출자의 개성과 의도를 존중하고, 이를 통해 발현되는 다양성을 어떻게 받아들일 것인가라는 관점에서 이

---

* Nature 517, 373–376 (15 January 2015) doi:10.1038/nature13873 Received 14 May 2014 Accepted 19 September 2014 Published online 05 November 2014 "The neural representation of taste quality at the periphery"
** Nature 438, 1022–1025 (15 December 2005) | doi:10.1038/nature04248; Received 29 July 2005; Accepted 15 September 2005 "Heat activation of TRPM5 underlies thermal sensitivity of sweet taste"

해되고 해석되기를 바란다. 그 이해를 바탕으로 애초에 의도했던 커피로 한 걸음 더 가까이 다가서고, 나아가 높은 완성도(일체성)를 이루는 계기가 마련된다면 더 바랄 나위가 없겠다.

그럼에도 불구하고, 핸드드립식 커피 추출과정에는 추출자의 의지와는 상관없는 현실적인 제약들이 많이 존재한다. 이론부의 마지막으로 이상적인 추출의 개념을 구상해 보았다. 이와 함께 어떻게 하면 각 추출변수에 따른 현실적인 제약을 극복하고 더 나은 커피를 추구할 수 있을 것인지 정리해보면 다음과 같다.

• 개념의 구상

이상적 추출	동일 크기로 분쇄된 커피 알갱이를 겹침 없이 1층 높이로 고르고 넓게 편 뒤, 동일한 온도, 꼭 같은 양의 물을 동시에 투입하여 일시에 추출되는 커피 ▶ 재료, 로스팅 정도, 분쇄도, 물의 온도, 추출속도, 물붓기 방식, 추출수율 등의 추출변수들이 모두 동일한 조건에서 추출
현실적 추출	분쇄된 커피 알갱이 하나하나를 거쳐 내려가는 물 양의 편차를 최소화하고, 온도의 하락에 따른 변수를 최대한 감안하여 고르게, 안정적으로 추출되는 커피 ▶ 현실적인 제약이 많은 추출공간에서 최대한의 완성도를 추구하기 위한 노력의 핵심 가치

[표 21] 이상적 추출과 현실적 추출의 정의

• 추출변수의 항목별 개선 방향

추출변수	현실적 제약의 극복 방향
1) 엄선된 재료	로스팅이 진행되기 전, 결점 생두 사전 선별
2) 추출자의 의도에 부합하는 최적의 로스팅	엄밀한 로스팅 과정
3) 추출에 사용할 원두량	로스팅 된 원두를 분쇄하기 전, 결점 원두 재선별, 정량 사용
4) 분쇄도	분쇄 크기의 편차를 최소화
5) 추출 진행 속도	[추출실무] 능숙한 추출기술 연마와 발휘 계획된 프로세스 준수
6) 최종 추출량	
7) 의도된 물의 온도	
8) 물붓기 방식	
9) 드립퍼의 선택	해당 드립퍼의 특성 활용
10) 기타 추출변수	양질의 물 사용, 올바른 여과지 장착

[표 22] 현실적 제약에 따른 추출변수의 극복방향

더 나은 커피를 위한 연구와 개발은 추출현장 뿐만 아니라 커피산업의 전 영역에서 활발히 전개되고 있다. 소비지인 한국에서도 생두 유통회사들은 각 생두의 수입과 공급을 더욱 쉽고 효율적으로 하기 위하여 여러가지 노력을 기울인다. 다양한 소분포장 시스템을 적극적으로 도입하고, 포장 직전에 불순물을 걸러내는 선별기를 설치하는가 하면, 레이저를 이용하여 결점두를 정교하게 골라내고 제거하는 첨단장치를 들여놓기도 한다.

여기에 로스터들의 수고도 가세하고 있다. 수입기계 일변도였던 국내 시장에서 국산 가스로스터기와 전기식 로스터기가 개발되어 마케팅에 나서고, 마이크로 로스터에서부터 스몰로스터, 빅로스터 등 크고 작은 로스팅 공장과 로스터리카페도 하루가 다르게 늘어나는 추세이다. 이들은 나름의 기술과 품질관리 시스템, 신념과 철학을 바탕으로 커피를 볶고 정성껏 포장해서 배달한다. 최근 원두커피가 가정으로 급속하게 번져나가고 있는 데에는 이들의 노력이 크게 작용하고 있다.

전국 곳곳의 수많은 커피 전문 교육기관에서는 올바른 지식을 전파하기 위해 노력하고 있다. 각 언론사와 전문매체 역시 커피 관련 소식을 빠르고 정확하게 전달하기 위해 최선을 다한다. 이렇게 올바른 지식을 바탕으로 더 나은 커피를 추구하려는 의지는 한국의 커피문화를 더욱 발전시키고 성숙하게 만드는 동력원으로 작용할 것이다.

이론파트를 마치며

아마추어와 프로는 다른 개념이다. 커피와 관련한 사례를 통해서 그 차이를 가늠해 볼 수 있다.

백 잔의 커피를 만드는 상황에서 아흔아홉 잔의 완벽한 커피와 2% 부족한 커피 한 잔이 나왔다고 가정해보자. 만일 "한 잔의 불만족은 이해해 줄 수 있는 거 아닌가? 아흔아홉 잔은 만족했는데..."라고 한다면 그 사람은 아마추어가 아닐까? 반면에 프로는 아흔아홉 잔에 만족해하지 않는다. 아마도 그는 2% 부족한 커피를 받은 한 명에게 이렇게 말할 것이다. "부족한 커피를 드려 죄송합니다. 다시 만들어 드리겠습니다."

이렇게 처음부터 끝까지 최선을 다하고 완벽을 기하는 프로가 많을수록 대한민국 커피의 미래는 밝아질 것이다. 어느 종교의 격언처럼 "잃어버린 한 마리 양이 더 소중하다"는 의미를 되새기고 실천할 때 세상은 한 걸음 더 진보한다.

커피는 서비스의 표상이자 나눔의 문화코드이다. 겸손함은 자신의 발전을 견인하는 동력이며, 주변 사람들과 나눌 수 있는 행복의 씨앗이다.

[그림 42] 매장 현장

커피 일을 하다보면, 추출자의 판단으로 2% 부족한 커피에도 불구하고 여러 가지 사유로 인해 그대로 손님에게 제공되는 경우를 경험하게 된다. 그 2%의 차이는 거의 인지하지 못하는 수준의 미미한 차이여서 심지어 추출자 역시 블라인드 테스트를 통해서도 가려내지 못할 수 있다. 그럼에도 불구하고 추출 과정에서 행해졌던 단 한 부분의 부족했을 법한 대응에 대한 어색한 느낌을 지우지 못하고 그 손님을 배웅하게 될 때, 아쉬움은 여운이 된다.

미국이나 유럽 등 선진국 기반의 에스프레소 커피는 탄탄하고 정교한 과학적 이론과 실무를 근간으로 잘 발전되고 있다. 그에 비해 50여 년의 역사를 자랑하는 핸드드립커피가 아직도 모방과 답습의 범주를 크게 벗어나지 못하고 있는 상황이다.

이 책은 이런 안타까움에서 출발한다. 이를 계기로 핸드드립커피에 대한 과학적 접근이 더욱 왕성하게 이어짐으로써 '한국식 커피'의 모델이 만들어졌으면 한다. 이제는 우리도 전 세계를 상대로 한국식 커피, 나아가 K-Coffee를 각인시키고 확산시킬 만큼 성숙된 시장을 가지고 있지 않은가.

지금까지 공부한 이론을 바탕으로 삼아 다음의 실전편을 함께 공부해 보자. 이를 통해 우리는 핸드드립식 커피추출의 표준을 세울 수 있다.

제4장
핸드드립 실전

핸드드립식 커피 추출법으로 한 잔의 커피를 만드는 과정은 비교적 간단하다. 하지만 그 결과물로 만들어지는 커피의 품질과 완성도는 다른 추출법을 능가하고도 남음이 있다. 이런 장점 덕분에 전 세계에서 널리 활용되고 있는 것이다. 제각기 서로 다른 특색을 가진 단일 산지의 커피를 언제든지 바꿔가며 추출할 수 있고, 농도나 맛의 디테일을 추출자의 의지에 의해 조절할 수 있다는 것도 매우 큰 매력이다. 다른 장비나 기구에 비해 가격이 저렴하며, 추출이 끝난 후의 처리와 관리가 간편하다는 장점도 가지고 있다.

이렇듯 핸드드립식 커피 추출법은 진행과정에 있어서 선택의 폭이 넓은 추출방식이다. 애호가의 폭넓은 욕구를 충족시키기 위하여 핸드드립에 필요한 기구와 용품 역시 다양한 기능과 디자인으로 제공되고 있다. 이 사실은 커피인으로서 매우 즐거운 일이다. 새롭게 고안된 기구를 사용하여 커피를 추출하는 과정에 몰입할 때의 호기심과 경험은 그 과정에 다른 사람을 끌어들이고 싶을 만큼 색다른 행복감을 선사하기도 한다.

핸드드립 실전 편에서는 먼저 그와 관련 기물들의 종류와 특성, 사용법에 대해 꼼꼼히 살펴보고 분석해보고자 한다. 숨겨진 보물을 발견하는 것과 같은 매우 흥미로운 경험이 될 것이다.

1. 추출용구의 종류와 특성

재료에 해당하는 분쇄커피와 충분히 뜨거운 물이 준비되어 있다고 가정할 때, 핸드드립식 커피 추출에 필요한 기물은 크게 4가지 영역으로 나눌 수 있다.

- 드립포트 (Drip Pot, Hand Drip Kettle)
- 여과지 (Filter)
- 드립퍼 (Dripper)
- 드립서버 (Drip Server)

[그림 43] 핸드드립식 커피 추출 기물

1) 드립포트 (Drip Pot)*

핸드드립식 커피 추출을 하기 위해 의도된 온도의 물을 담아 드립퍼로 물을 공급하는 주전자를 말한다. 따라서 물을 담을 수 있는 어떠한 도구로도 그 역할을 대신할 수 있다. 그럼에도 불구하고 핸드드립을 하기 위한 드립포트를 별도로 마련하는 가장 큰 이유는 다음으로 함축할 수 있다.

> 드립포트를 사용하는 이유 = 물줄기 조절이 용이하다.

그렇다면 핸드드립식 추출에 있어서 '물줄기 조절'이란 과연 무엇을 뜻하며, 어떤 모습의 물줄기가 가장 바람직한가를 먼저 규정할 필요가 있다.

바람직한 물줄기의 개념을 정하고 나면,

- **보다 용의주도하게 물줄기 조절을 할 수 있도록 추출자를 도와주는 드립포트는 어떤 모델인가?**
  ▶ 추출자의 손은 크거나 작을 수 있고, 쥐는 힘의 지구력이 강한 사람과 약한 사람이 있다. 또 주로 추출하게 되는 용량이 1~2인 분량인 사람과 4~5인 분량인 사람, 진한 커피를 좋아하거나 아니면 연한 커피 추출을 주로 하는 사람 등 용량과 취향도 다르다. 추출 환경에서부터, 드립포트의 재질, 디자인, 색상에 대한 개인적인 취향에 이르기까지 그 특징과 숙련도에 따라 서로 다른 드립포트가 선택된다.

- **손으로 어떻게 잡는 것(Grip 방법)이 물줄기 조절에 더 용이한가?**
  ▶ 도구를 손에 들고 진행하는 모든 구기종목이 그러하듯, 드립포트의 손잡이를 어떻게 쥐느냐의 문제는 물줄기 조절과 손과 팔의 피로도에 많은 영향을 미친다.

- **기성 드립포트 제품을 튜닝할 수 있는가?**
  ▶ 추출자의 의도를 더욱 면밀히 반영하기 위하여 드립포트의 주둥이 부분(Spout)을 튜닝하기도 한다.

등의 문제들도 함께 살펴보기로 하자.

---

* **드립포트 (Drip Pot)** : Pot와 Kettle은 사전적으로 구별된다. Pot는 "A pot is a deep round container used for cooking stews, soups, and other food.", Kettle은 "A kettle is a covered container that you use for boiling water. It has a handle, and a spout for the water to come out of"로 표현하고 있으나, 커피 기물로 쓰일 때 한국과 일본에서는 혼용되고 있다. 모양을 기준으로 한다면 Kettle이 더 적합하고, 실제로 영문 상품명으로도 'Hand Drip Kettle'을 사용하고 있으나, 가열의 의미를 빼고 뚜껑 없이 사용하는 경우가 많은 실제 사례를 감안하면 'Pot' 역시 혼용될 수 있다.

추출자의 의도를 가장 잘 반영시킬 수 있는 드립포트를 선택하는 일은 매우 중요하다. 추출자가 의도했든 그렇지 못했든 추출자의 개입을 결정적으로 반영하는 것이 드립포트를 활용한 물줄기 조절이기 때문이다. 물이 드립포트를 떠나는 바로 그 순간 추출에 개입할 수 있는 추출자의 역할은 거의 끝나게 된다.

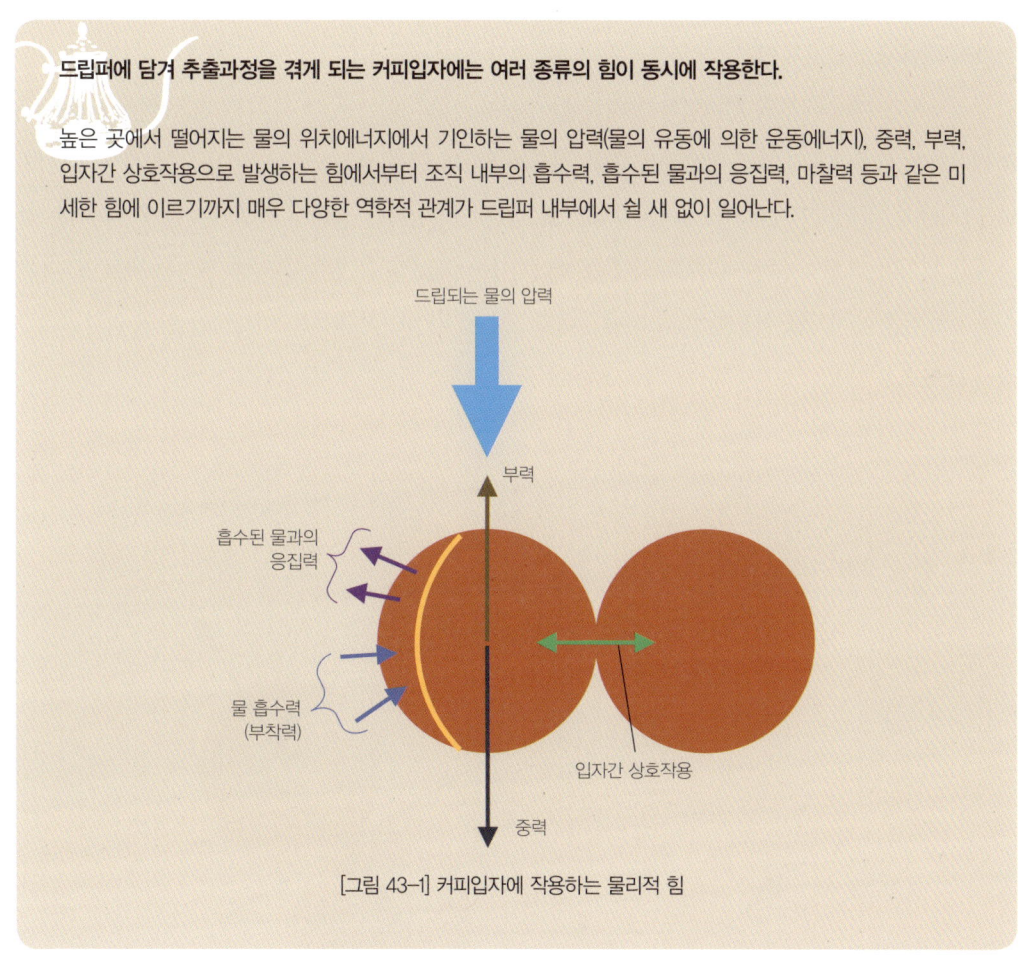

드립퍼에 담겨 추출과정을 겪게 되는 커피입자에는 여러 종류의 힘이 동시에 작용한다.

높은 곳에서 떨어지는 물의 위치에너지에서 기인하는 물의 압력(물의 유동에 의한 운동에너지), 중력, 부력, 입자간 상호작용으로 발생하는 힘에서부터 조직 내부의 흡수력, 흡수된 물과의 응집력, 마찰력 등과 같은 미세한 힘에 이르기까지 매우 다양한 역학적 관계가 드립퍼 내부에서 쉴 새 없이 일어난다.

[그림 43-1] 커피입자에 작용하는 물리적 힘

두 물체 간에 작용하는 힘의 동역학

드립포트로부터 물줄기가 내려와 분쇄커피입자에 닿는 순간부터 드립퍼 내부는 복잡한 물리적·화학적 변화로 매우 분주해진다. 이론파트에서 다양한 화학적 변화로 인한 변수들을 살펴보았는데, 물줄기의 개념에 들어가기 앞서 이번에는 물리적인 현상을 얘기해보자.

추출자는 드립퍼 내부의 커피입자가 대책 없이 물에 이리저리 휩쓸려 다니는 것을 원하지 않는다. 분쇄커피가 최적의 상태에서 적절한 추출을 진행해준다면 균형 잡힌 맛의 커피를 얻을 수 있을 것이다. 그러나 물은 커피입자를 밀고, 커피입자는 또 다른 커피입자를 밀면서 발생되는 운동에너지는 불가피한 것이며, 유동하려는 커피입자의 운동에너지를 상쇄시킬 수 있는 유일한 무기는 바로 또 다른 물줄기의 운동에너지를 이용한 조절력이다. 여기에서 입자간에 작용하는 미시적인 힘의 역학관계를 잠시 살펴보고 가자.

> 한 물체가 다른 물체와 부딪힐 때, 작용하는 힘의 방향은 두 물체가 만나는 접선의 수직 방향으로 작용하며, 부딪힌 물체는 그 방향으로 나아가려 한다.

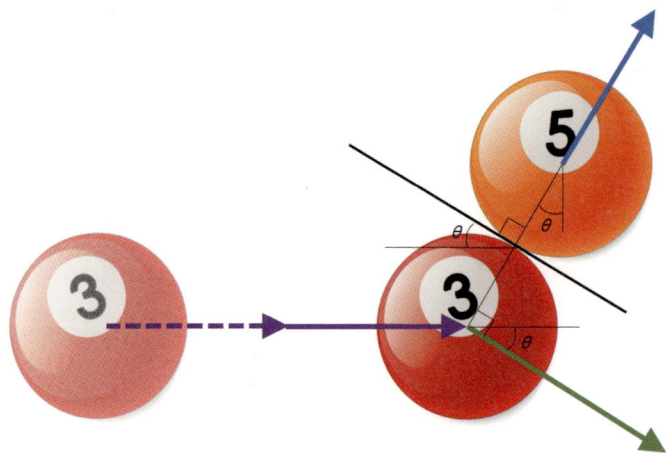

[그림 44] 두 물체가 부딪혔을 때의 운동 방향

[그림 44]의 그림에서 3번 당구공이 이동하여 5번 당구공에 부딪혔을 때, 5번 당구공이 나아가는 방향은 3번 당구공과 서로 만난 접선의 수직방향이며, 3번 당구공은 접선과 나란한 방향으로 나아가게 된다. 이는 엇비슷하게 놓인 물체들에 힘이 가해졌을 때, 힘이 가해진 방향 이상의 다양한 각도에 걸쳐 광범위한 힘이 작용된다는 것을 보여준다. 이처럼 드립퍼 내부에 담겨진 커피입자 사이에도 매우 복잡한 물리적 힘이 전방위로 상호작용하면서 추출이 진행되는 것이다.

핸드드립식 커피 추출법과 관련된 내용은 아니나, 에스프레소 커피 추출과정에서 필요한 태핑(Tapping)과 그 강도에 대해 살펴봄으로써 모범답안을 구해보도록 하자.

탬핑   태핑

[그림 45] 탬핑(Tamping)과 태핑(Tapping)

에스프레소 커피의 추출을 위해 포터필터의 바스켓에 담겨진 분쇄커피가 고온, 고압의 물로 올바르게 추출될 수 있도록 탬퍼(Tamper)로 다지는 작업을 하게 된다. 9기압 전후 고압력의 물이 미는 힘을 견디도록 다짐으로써 ① **커피입자 사이의 간격을 좁힘**과 동시에, ② **커피입자들을 바스켓에 밀착**시켜 커피와 바스켓 사이에 발생할 수 있는 틈으로 고압의 물이 흘러나가는 것을 미연에 방지한다.

탬핑 과정은 다시 탬핑과 태핑(Tapping, 탬퍼 손잡이 등으로 포터필터의 옆면을 톡톡 쳐서 1차 탬핑 이후 바스켓 내부 가장자리 벽면에 세워져 있던 분쇄커피를 쓰러뜨리는 것)으로 세분화된다. 그러나 부적절한 태핑은 바스켓과 1차 다져진 커피와의 간격을 더 크게 만드는 원인을 제공할 수 있어 주의가 필요하다. 적절한 태핑의 필요성과 방법을 물체의 동역학적 해석으로 설명해보자.

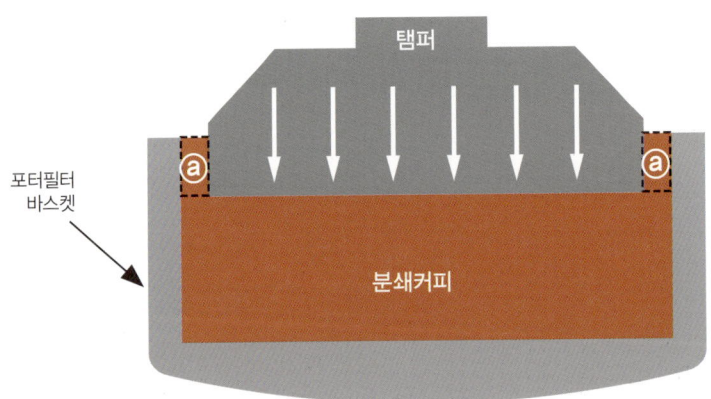

[그림 46] 1차 탬핑

위 그림은 1차 탬핑이 진행되는 모습이다. 바닥이 평평한 형태의 탬퍼를 이용하여 바스켓의 정 중앙에 탬퍼가 놓이도록 하여 수직 방향의 약한 압력으로 자리 잡듯 1차 압축한다. 대부분의 경우, 바스켓의 내부 지름보다 탬퍼 지름의 치수가 작다. 따라서 지름의 차이에 의해 탬퍼가 누르지 못하는 분쇄커피는 가장자리 둘레 쪽으로 ⓐ와 같이 남게 되며, 다른 조치가 없는 한 바스켓의 벽면에 세워져 있는 형태가 된다.

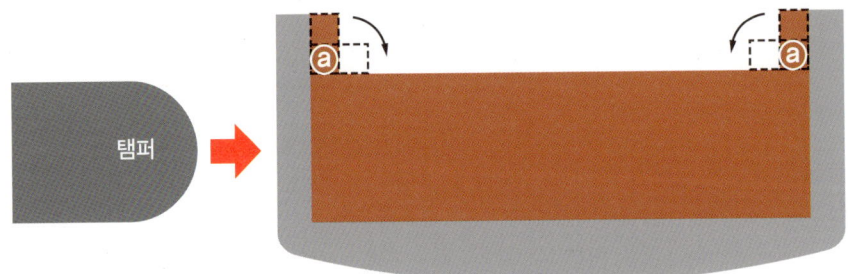

[그림 47] 태핑

위 그림은 포터필터 측면을 탬퍼의 손잡이로 톡톡 쳐서 세워져 있던 ⓐ를 넘어뜨리는 태핑 과정을 보여준다. 이 때 특히 주의해야 할 점은 과도한 힘으로 충격을 가할 경우 ⓐ에 해당하는 분쇄커피가 충격에 의해 중심부까지 밀려나기도 하고, 1차 탬핑으로 다져진 커피와 바스켓 사이의 간격이 벌어지는 부작용이 생기기도 한다는 점이다. 그럴 바에는 차라리 태핑을 하지 않는 것이 낫다. 따라서 태핑은 세워져 있던 ⓐ가 그 자리에서 옆으로 넘어질 정도만 하면 된다. 그것을 태핑의 유일한 목표로 하자.

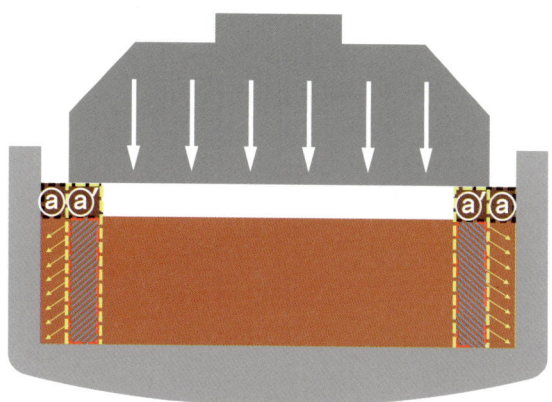

[그림 48] 2차 탬핑

태핑에 의해 쓰러졌던 ⓐ에서 2차 탬핑으로 인해 탬퍼에 의해 밟히게 되는 ⓐ부분을 ⓐ′라 해보자. ⓐ′는 1차 탬핑에 의해 다져졌던 분쇄커피 케이크의 상단부 가장자리 테두리 방향으로 추가적으로 얹히게 되므로, 2차 탬핑이 가해지면 ⓐ′로 인해 그 아래쪽에 위치하는 빗금 부분의 영역이 조금 더 다져지게 되는 효과가 발생한다.

그런데 빗금 부분을 이루는 커피입자들은 상단부로부터 힘을 받았을 때, 오로지 아래 방향으로만 움직이며 다져지는 것이 아니라, 위에서 살펴보았듯이 부딪혀 오는 커피입자와 만나는 접선의 수직 방향으로 밀려나게 된다. 따라서 노란색 화살표 방향으로도 입자들이 순차적으로 밀리게 되고, 결국 커피입자들은 바스켓 벽면에 더 밀착하게 되는 것이다.

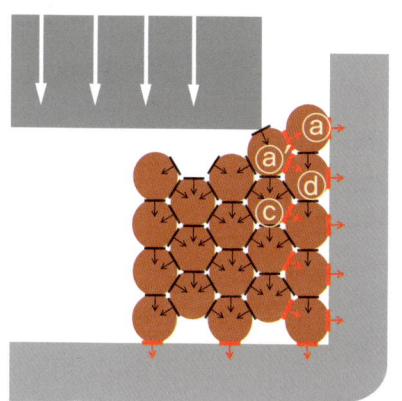

[그림 49] 포터필터 바스켓 내부 가장자리의 분쇄커피 밀착 개념도

이해를 돕기 위해 해당 부분을 확대해서 살펴보자.

2차 탬핑으로 인해 ⓐ′가 편심으로 밀리면서 ⓐ를 밀게 됨과 동시에 아래의 ⓒ와 4시 반 방향의 ⓓ도 밀게 된다. 검은색 화살표는 입자간 상호작용에 관여하는 힘을, 빨간색 화살표는 바스켓에 커피입자를 밀착시키는데 관여하는 힘을 나타낸다. 결론적으로 탬퍼 아래쪽만 다져지는 것이 아니며, 올바른 태핑 과정을 통해 분쇄커피를 바스켓에 더욱 밀착시키는 효과도 함께 얻게 되는 것이다.

바스켓의 내부 지름과 탬퍼의 지름이 처음부터 약간 다르도록 제조된 데에는 이런 역학적 계산에 의해 의도된 과학적 원리가 깔려 있다.

이번에는 바닥이 아래로 약간 볼록한 형태를 가진 탬퍼의 경우를 생각해보자.

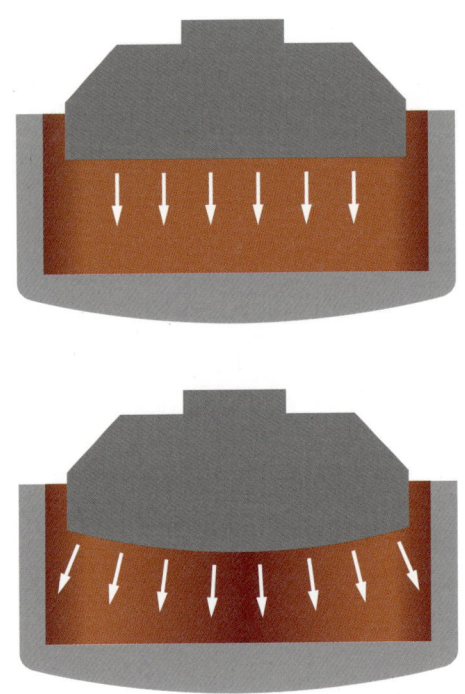

[그림 50] 평면과 곡면의 탬퍼면이 작용하는 힘의 방향

[그림 50]의 상단 그림처럼 아래 면이 평평한 탬퍼의 경우에는 누르는 힘이 수직 방향으로 작용한다. 하지만 하단 그림처럼 바닥이 볼록한 형태의 탬퍼는 바닥 면의 곡률반경을 중심으로 힘이 방사형으로 작용한다. 여기에서 우리가 주목할 점은 이 각도로 커피입자를 눌러 다지는 방식이 커피가 바스켓에 밀착되는 데 도움이 되는가, 얼마나 도움 될 것인가 등이다.

역시 이해를 돕기 위해 해당 부분을 확대한 [그림 51]에서 살펴보면, 태핑을 하지 않아도 탬퍼의 곡면에 의해 미리부터 횡의 방향으로도 힘이 작용하는 것을 알 수 있다. 따라서 이 경우엔 불완전한 태핑은 생략하고 탬핑만 하는 것으로도 분쇄커피입자들을 바스켓 벽면에 밀착시키는 효과를 기대할 수 있다.

따라서, 탬핑 과정의 간소화 차원에서 볼 때, 탬퍼 바닥이 볼록한 탬퍼가 더 유리하다 하겠다.

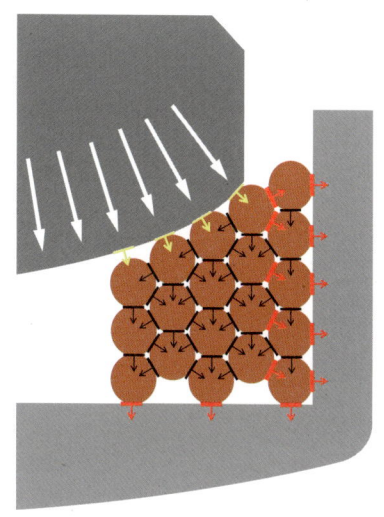

[그림 51] 포터필터 바스켓 내부 가장자리의 분쇄커피에
곡면 탬퍼가 미치는 힘의 영향 개념도

그러나 만병통치약은 없듯이 여기에도 맹점은 있다. [그림 50]의 하단 그림을 다시 보자. 탬퍼의 가장 볼록한 부분에 의해 눌리게 되는 분쇄커피 층은 가장자리 쪽보다 더 높은 압력으로 다져지게 된다. 이는 추출 시 물이 통과하기가 더 힘들어짐을 뜻하고, 외곽 부분보다 추출수율이 낮은 부분으로 남게 됨을 의미한다.

그렇다면 더욱 높은 완성도의 에스프레소 커피 추출을 위해서는 평면형과 볼록형 탬퍼 중 어느 것을 선택하는 것이 더 유리할까? 이 질문에 대한 답은 추출자 스스로가 실험과 연습을 통해 찾아야 한다. 위의 내용을 면밀히 참조하되, 자신의 취향이나 추구하는 방향을 고려해서 생각해 보면 답은 나오기 마련이다.

지금까지 두 개의 서로 다른 물체 사이에 작용하는 힘의 역학관계를 살펴보았다. 이렇게 다양한 현상에 대한 의문은 좋은 커피를 추구하는 첫걸음이다. 추출의 기본을 지키고 원리를 근거로 가장 합당한 해결책을 찾아나가는 것은 커피문화의 질적 성숙을 앞당기는 길이기도 하다.

① 바람직한 물줄기 개념

다음 세 가지의 조건을 충족한다면 바람직한 물줄기의 개념과 부합한다고 할 수 있다.

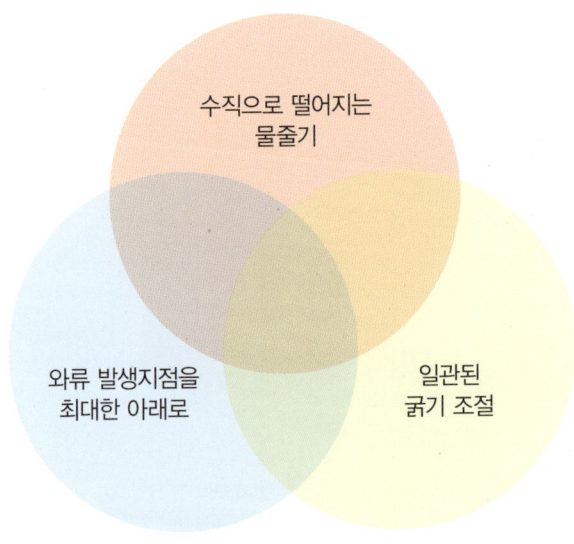

[그림 52] 바람직한 물줄기 3요소

• 수직으로 떨어지는 물줄기

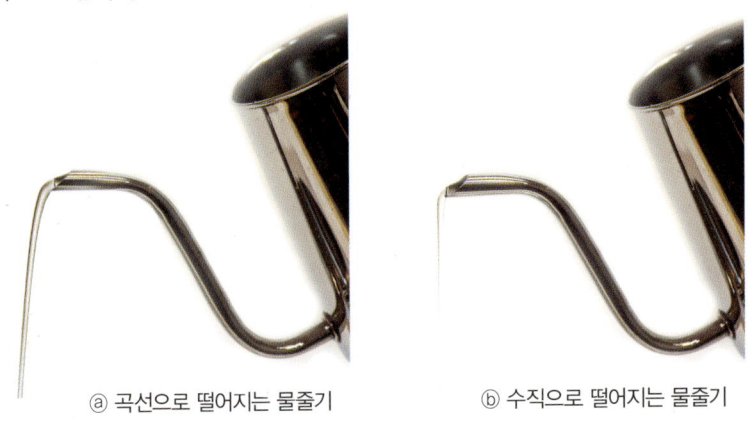

ⓐ 곡선으로 떨어지는 물줄기 ⓑ 수직으로 떨어지는 물줄기

[그림 53] 수직으로 떨어지는 물줄기

드립퍼의 분쇄커피 위로 떨어지는 물줄기는 떨어지는 형상에 따라 서로 다른 영향을 미치게 된다. 먼저 물줄기가 떨어지는 각도에 대해 살펴보자.

만일, 앞의 그림 ⓐ처럼 주둥이에서부터 곡선으로 떨어져 수직이 아닌 각도로 분쇄커피 표면에 도달하는 물줄기는 아래와 같은 현상을 초래한다.

[그림 54] 곡선으로 떨어지는 물줄기의 드립퍼 내 힘의 작용

분쇄커피의 상부 표면 ⓐ에 닿는 물줄기가 수직이 아니라 기울어진 각도로 떨어질 경우, 물줄기는 원래 진행되었던 ⓑ방향으로 계속 나아가려는 경향을 보인다. 이에 따른 분쇄커피의 반발력 역시 편향적으로 작용하게 됨으로써 물줄기는 결국 ⓒ방향으로 떠밀리는 상황이 연출된다. 여기에 드립퍼 내부가 함수(含水, 물을 품고 있는 상태)되어 있는 상황에서 공급되는 2회차, 3회차 물붓기의 기울어진 물 흐름은 물과 분쇄커피를 특정 방향으로 동시에 밀게 됨으로써, 드립퍼 내부에는 예측하기 힘든 일종의 쏠림현상이 발생하게 된다.

이럴 경우 ⓒ지점에 위치하고 있던 분쇄커피의 부력은 밀려드는 물로 인해 커지게 되고, 표면이 더욱 부풀어 오르며 입자 사이의 간격 역시 넓어진다. 그러면 남은 물이 여과지를 통과해 리브 사이의 공간으로 바로 빠져버리는 미추출 현상의 가능성도 커진다. 결국 드립퍼 내부의 추출 균형은 깨어지고, 맛의 최적 범위를 지켜내기 힘들게 된다.

더욱 나쁜 것은 드립포트의 주둥이가 높은 상태에서 물붓기를 함으로써 낙차가 크게 발생하는 경우이다. 이럴 경우 분쇄커피의 표면은 물줄기가 기울어진 방향의 연장선상으로 파헤쳐지게 되며, 추출자의 의도와는 더욱 동떨어진 결과물이 만들어지게 된다.

이번에는 드립포트로부터 떨어지는 물의 각도를 수직으로 유지하는 경우에 대해 알아보자.

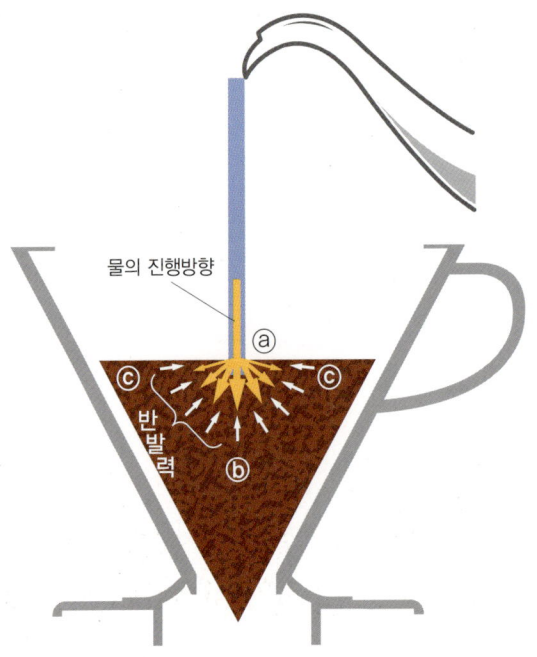

[그림 55] 수직으로 떨어지는 물줄기의 드립퍼 내 힘의 작용

드립퍼로 내려오는 물줄기가 수직을 유지하면, 상부에 자리잡고 있는 분쇄커피들의 움직임이 비교적 고르고 안정적인 현상을 보인다. 물에 대응하는 체제에도 예측 가능하고 일정한 패턴이 생기며, 드립퍼 내부를 교란시키지 않으면서 질서정연하게 추출이 진행되도록 유도할 수 있다.

한 걸음 더 나아가 물줄기를 분쇄커피 위로 내려놓는 모습을 밧줄에 비유하여 보다 상세하게 살펴보기로 하자. [그림 56]의 ⓐ와 ⓑ밧줄의 길이는 동일하다. ㉮지점에서 밧줄의 끝단부터 내려놓기 시작하여 ㉯지점까지 밧줄을 내려놓는다.

[그림 56] 물줄기 내려놓기의 밧줄 비유

위의 밧줄을 물줄기로 가정하면, 정상적인 물줄기가 전개되는 ⓐ에 비해, ⓑ는 충분한 물의 양을 내려놓기 전에 주전자가 이동하는 경우를 나타낸다. ⓒ는 이미 충분한 물의 양이 내려왔음에도 불구하고 주전자가 적절히 이동하지 못하고 한 지점에 과도한 양의 물이 공급된 경우이다. 이처럼 분쇄커피 위에 물을 내려놓을 때는 밧줄을 순차적으로, 끌림 없이 내려놓는다는 (혹은 밟아 나간다는) 느낌으로 물붓기를 진행하면, 그 과정이 훨씬 체계적으로 이루어지게 된다.

제4장 핸드드립 실전 113

• 와류 발생지점을 최대한 아래로

드립포트의 주둥이(Spout)를 벗어나는 순간부터 물은 지구의 중력에 의해 자유낙하한다. 그 과정에서 주둥이 아래로 매끄럽게 이어지던 물줄기가 어느 시점부터는 뒤틀리거나 끊어지면서 떨어지는 현상이 생긴다. 물의 응집력과 중력의 균형이 한계지점에서 깨어지며 생기는 현상인데, 물줄기가 가늘어질수록 와류가 더 빨리 발생되는 경향이 있다.

여기에서 주목해 봐야할 사항은 응집력과 중력이 균형을 이루지 못한 상태, 즉 물줄기가 매끄럽게 이어지면서 분쇄커피면에 닿지 않고 균형이 깨어져 흐트러진 와류 상태에서 분쇄커피 표면에 닿을 때, 물줄기로 인한 힘의 강도(충격파)가 오히려 강해진다는 점이다.

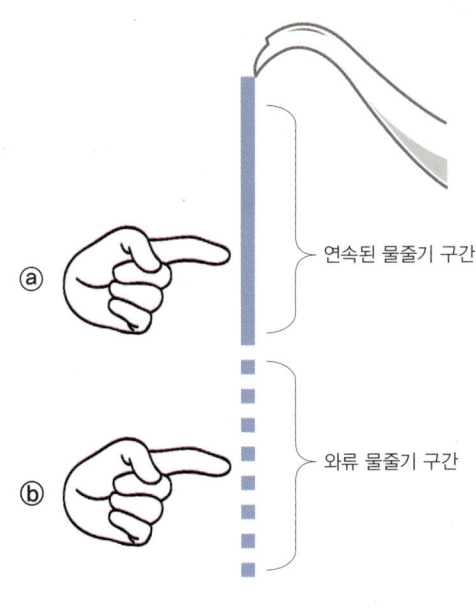

[그림 57] 물줄기의 와류 발생

물줄기가 연속으로 이어지는 ⓐ지점에 손가락을 대면 물줄기가 매우 부드럽게 와 닿는 데 반해 ⓑ지점에서는 지속적으로 충격이 느껴진다. 이는 결국 와류가 발생한 ⓑ상태의 물줄기가 분쇄커피에 닿을 경우 표면을 파헤치거나 휘젓게 되는 부작용이 발생됨을 의미한다. 따라서 물붓기를 진행하는 동안 ⓐ형태의 물줄기를 시종일관 유지하는 것이 매우 중요하다.

• 일관된 물줄기 굵기 조절

　물줄기의 굵기가 동일해야 특정 위치에 내려놓는 물의 양을 가늠할 수 있을 뿐만 아니라, 드립퍼의 횡단면 각 지점에 올려놓는 물의 양도 일정하게 유지할 수 있다. 또 1차, 2차, 3차 물붓기로 이어지는 회차별 물 양을 미리 계획하고 안배하여 실행할 수 있다.

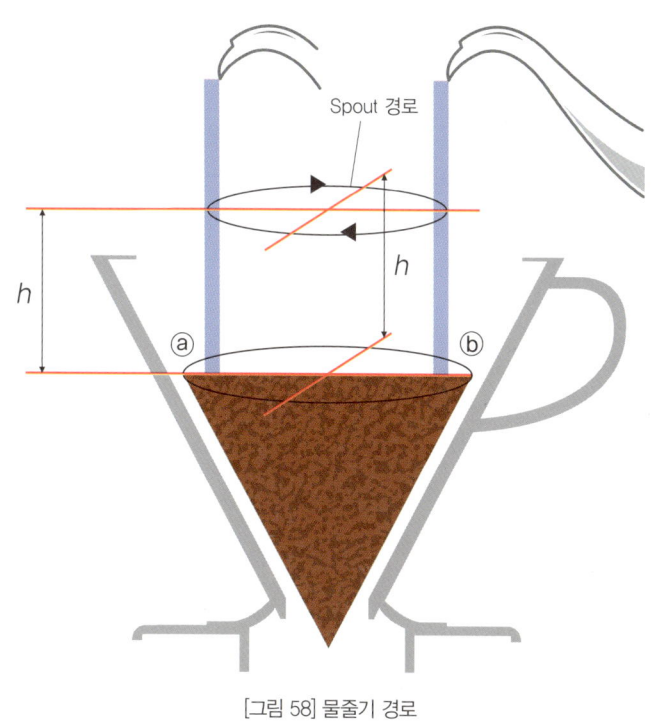

[그림 58] 물줄기 경로

　드립포트의 주둥이는 그 경로(Spout 경로)상의 ⓐ지점과 ⓑ지점 등을 오가며 공급되는 물의 출구 역할을 한다. 여기에서 특히 유의할 점은 계속 움직이는 드립포트로 인해 물줄기가 춤을 추거나 의도된 경로를 따라 이동하는 물줄기의 굵기가 수시로 변하지 않도록 제어할 수 있어야 한다는 것이다.

　물줄기의 굵기를 일정하게 유지하기란 쉬운 일은 아니다. 해결방법은 연습 밖에 없다. 드립포트에 물을 받은 다음 부엌 개수대에 서서 물줄기 조절연습을 꾸준히 하면 굵기는 물론이고 물줄기를 능숙하게 옮길 수 있다.

② 물줄기 조절 측면에서 더 유리한 드립포트 선택의 4가지 Point

• 드립포트 내부에 담긴 물의 출렁임이 적거나 출렁임을 빨리 멈출 수 있는 제품이 유리하다.

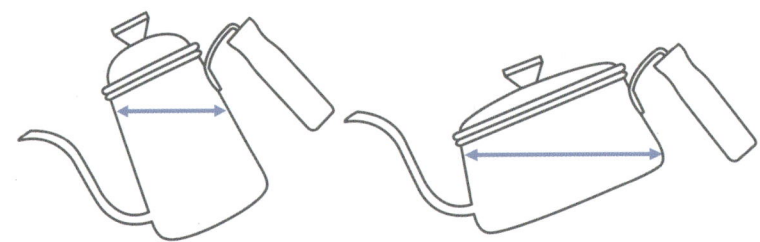

[그림 59] 드립포트의 가로 단면 치수의 영향

　　드립포트의 움직임에 따라 내부의 물이 출렁이게 되는데, 드립포트의 가로 단면의 치수가 적으면 적을수록 출렁임이 적다. 주전자의 움직임에 따라 출렁이던 물의 진폭이 드립포트의 벽에 막혀 짧아지게 되기 때문이다. 반면에 가로 단면의 치수가 상대적으로 큰 드립포트의 경우 한 번 출렁이기 시작한 물은 관성에 의해 지속적으로 출렁이게 된다. 그 출렁거림은 드립포트의 무게중심을 끊임없이 변화시켜 이를 손으로 직접 느끼며 물붓기를 해야 하는 상황이 초래될 수 있다. 드립포트의 무게중심이 변화하는 것은 추출자가 정밀한 물붓기를 진행하는 데 큰 장애요소가 된다.

• 주둥이 관의 지름이 일관된 제품이 물줄기 조절에 유리하다.

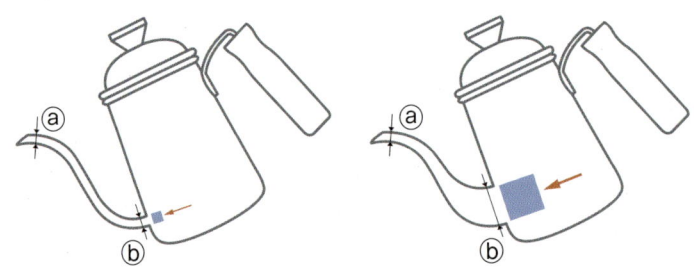

[그림 60] 주둥이 관 지름의 영향

드립포트 주둥이의 뿌리 부분이 넓어지면 더 많은 물의 하중이 주둥이 끝부분에 걸리게 된다. 일정량의 물을 일정한 시간에 걸쳐 고르게 공급해야 하는 상황에는 주둥이 ⓐ부분과 뿌리 ⓑ부분의 단면적이 동일한 드립포트가 상대적으로 더 안정적이다. 특히 드립포트의 물이 소진되어 1/3 이하로 수위가 낮아지는 경우, ⓑ부분 단면적이 넓으면 포트 몸체 내부의 형상을 따라 물이 불규칙적으로 유동함으로써 물줄기 조절에 어려움이 가중되는 문제가 발생하기도 한다.

그러나 물의 온도 보전 차원에서 보면 ⓑ부분의 단면적이 넓을수록 유리하다. 더 많은 양의 물이 열량을 동시에 품은 상태에서 주전자 밖으로 밀려나오기 때문이다. 이 때문에 주둥이 끝부분과 포트 몸체와의 온도차가 적어지는데, 이는 곧 온도 제어 면에서 상대적으로 더욱 유리해짐을 의미한다.

• **주둥이의 위치가 옆으로 길게 뻗어 나와 있는 것이 유리하다.**

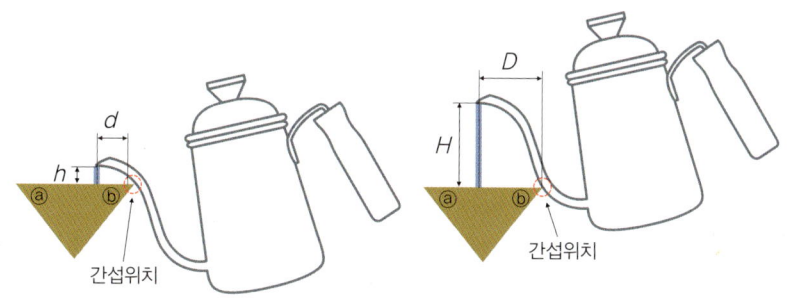

[그림 61] 주둥이 끝이 몸체로부터 가까운 경우의 드립포트

위 그림은 주둥이 위치와 드립포트 몸체와의 간격이 좁은 드립포트의 경우를 보여준다. 드립포트의 몸체와 가까운 쪽인 드립퍼 ⓑ지점에 물줄기를 위치할 때는 문제가 없으나, 몸체와 멀어지는 ⓐ지점 쪽으로 물줄기가 이동하려 할 때 주둥이의 아래 부분과 드립퍼의 상단부가 간섭을 일으키게 된다. 그러면 추출자는 불가피하게 주전자를 더 높이 들어 올려 간섭을 피할 수밖에 없고, ⓑ지점과 ⓐ지점에 도달하는 물줄기의 높이는 서로 달라지게 된다. 그림에서 보듯이 ⓐ지점에서는 물의 낙차가 더 커짐으로 인해 깊은 부분까지 맹물이 파고 들기 쉽다. 그러면 결국 드립퍼 내부의 추출체제 균형이 깨지는 부작용이 발생하게 된다.

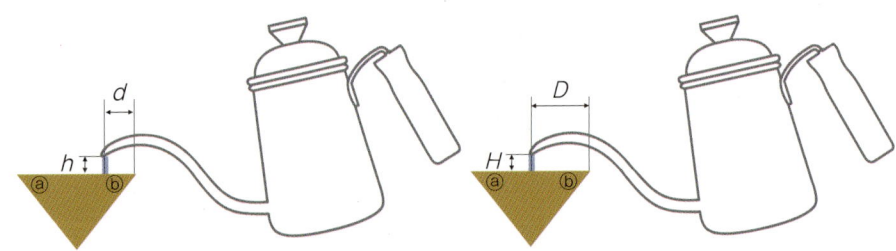

[그림 62] 주둥이 끝이 몸체로부터 먼 경우의 드립포트

위 그림의 드립포트는 앞서 본 경우보다 주둥이와 몸체간의 거리가 멀고, 주둥이 끝 부분이 수평 방향으로 길게 뻗어 있는 모양을 띠고 있다. 이런 형태는 주전자를 높이 들어올리지 않고도 ⓐ지점까지 무난하게 접근할 수 있다는 장점을 지닌다. 또한 ⓐ지점까지 주둥이가 전진하는 과정에서 치명적인 방해를 받지 않는다는 것도 강점이다. 하지만 실제로 물붓기를 진행할수록 드립포트의 물이 줄어들면서 기울기가 심해지기 때문에 여전히 필요 이상으로 주전자를 들어올리지 않도록 주의하자.

단, 드립포트를 제어하는 추출자의 손과 드립퍼의 거리가 멀어질수록 정밀한 물줄기 제어는 힘들어진다. 추출자는 기계가 아니라 인간이기 때문이다. 따라서 수동식 기물을 선택할 때에는 절대적인 우열을 가리기보다는 추출자의 성향과 의도에 어느 정도 부합하느냐를 따지는 것이 바람직하다.

모든 기계와 기물은 사용자의 편의와 최상의 결과물을 동시에 고려해서 설계되고 제작되기 마련이다. 같은 종류라도 잘 활용하는 사람이 있는가 하면, 잘못된 방식을 답습하거나 고집하는 경우도 있다. 해당 제품의 특성과 원리를 잘 알고 적절하게 활용하려는 자세와 노력이 필요한 것이다.

• 물이 담긴 드립포트의 무게 중심이 손과 가까울수록 피로도가 적다.

역학에서 정의하고 있는 모멘트(Moment)는 물체에 작용하는 힘(여기서는 무게)의 축선과 모멘트 중심(드립포트 손잡이 부분)의 수직거리(D, d)를 곱한 값이다. 모멘트 값이 클수록 회전하려는 힘이 강하다. 무게가 동일할 경우, 모멘트는 힘이 가해지는 기준 축과의 거리가 멀수록 더 크게 작용한다.

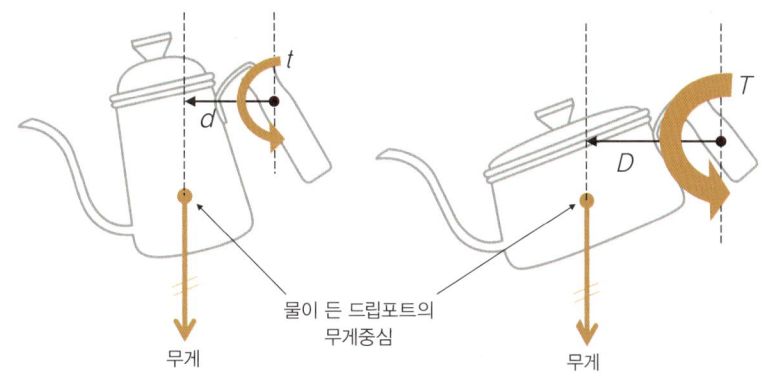

[그림 63] 드립포트의 무게중심과 모멘트

위 그림에서 예시한 2개의 드립포트가 같은 무게라고 가정할 때, 왼쪽에 비해 무게중심과 손잡이 사이의 거리(D)가 긴 오른쪽 드립포트의 경우 정밀한 드립에 훨씬 더 불리해진다. 모멘트 값이 왼쪽에 비해 크기 때문에 회전력이 강할 것이고, 그에 따라 추출의 안정성도 크게 떨어질 것이기 때문이다. 장시간 물붓기를 할 경우 오른쪽 드립포트는 왼쪽에 비해 더 무겁게 느껴지고 추출자의 피로도 역시 높아지기 마련이다.

핸드드립커피를 제공하는 매장에서 일하는 사람들 중에 팔이나 손목의 통증을 호소하는 경우를 종종 보게 된다. 반복적인 핸드드립으로 말미암아 팔 근육과 손목의 피로도가 누적되면서 생기는 '테니스 엘보우'라는 질병으로, 바쁜 매장일수록 그 가능성은 커진다. 이를 예방하기 위해서는 자신의 체형이나 체력을 감안해서 핸들링에 유리한 드립포트를 선택할 필요가 있다.

[그림 64] 다양한 특징을 가진 드립포트들

동(銅)드립포트는 인체에 해로운가?

구리는 우리가 살아가는 데 없어서는 안될 미네랄이지만, 하루 필요량 2mg은 구리관을 통해 들어온 수돗물만 마셔도 섭취할 수 있을 만큼 미미한 양이라고 알려져 있다. 이보다 많아지면 오히려 아연의 흡수를 막는 부작용이 발생하는데, 중금속의 하나인 구리성분을 과다하게 섭취할 경우에는 공포, 편집증, 환각을 일으키기도 한다.
하지만 제품화된 대다수의 동드립포트는 물과 만나는 내부에 주석합금 재질로 도금처리함으로써 내구성과 안전성을 강화하고 있다. 주석은 독성이 거의 없는 소재이다. 따라서 동드립포트를 정상적으로 사용하고 있는 사람이라면 인체에 대한 유해여부는 염려하지 않아도 좋겠다.

커피전문점은 물론 일반 커피애호가들도 동드립퍼를 선호하는 경향이 있다. 동드립포트의 가장 큰 특징은 뛰어난 열전도율이다. 하지만 그것은 재질이 갖는 특징일 뿐, 3~5분이라는 비교적 짧은 시간동안 추출이 진행되는 핸드드립의 경우 열전도율이 추출에 미치는 영향은 그리 크지 않다. 더구나 이미 드립포트를 떠난 물에 의해 커피성분 추출이 진행되므로, 높은 열전도율과 커피 추출 간의 직접적인 연관성도 생각만큼 대단하지 않다. 열전도율이 높다는 것은 곧 주전자에 담긴 물의 온도가 대기 중으로 더 빨리 발산된다는 뜻이므로, 온도 보전 면에서도 스테인리스 제품에 비해 불리할 것이다. 그럼에도 불구하고 동드립퍼에 대한 욕구가 강한 것은 미려한 외관과 고급스러운 이미지에서 비롯되는 '장식효과' 때문이라고 판단된다.

실온 상태의 동드립포트에 끓인 물을 부으면, 물의 온도를 드립포트가 신속하게 빼앗아 가면서 핸드드립을 시작할 예정온도 이하로 떨어져버리는 문제가 발생하기도 한다. 따라서 동드립퍼를 사용할 때에는 소량의 뜨거운 물로 예열한 다음 그 물은 버리는 것이 바람직하다. 이렇게 해서 데워진 포트에 새로운 온수를 부어 온도를 맞춰나간다면, 온도 조절에 더 안정적이다.
참고로 동드립포트의 주둥이(Spout)는 대부분 연한 재질의 금속으로 만들어져 있다. 그래서 '주둥이 튜닝'에 용이하다는 장점이 있다. 드립포트의 스파우트 튜닝에 대해서는 뒤에 자세하게 언급하기로 한다.

※ 동드립포트의 표면의 광택을 위해 신제품의 외부 표면에 합성재를 얇게 코팅하여 제품화한 사례가 있었다. 이 경우에 최초로 끓는 물을 담으면 그 열로 인해 표면의 휘발성 화학성분이 증발하면서 유해성 냄새가 나기도 했다. 유사 사례가 발생할 경우에는 5~10차례 정도 끓인 물을 담아서 휘발성분이 모두 날아가게 한 다음 사용하는 것이 좋겠다.

드립포트의 선택은 다분히 개인의 취향이나 지향점과 관련된 문제이다. 따라서 다양한 드립포트 중에서 자신에게 어울리는 제품을 고르되, 위에서 말한 4가지의 관전포인트를 참고해 최선의 선택을 하기 바란다.
핸드드립커피 추출자에게 있어서 드립퍼와 드립포트는 '분신'과 같은 존재이다. 나에게 가장 적합한 드립포트를 선택하고 다양한 종류를 실험해 보는 것 자체가 곧 즐거운 커피, 더욱 완성도 높은 커피의 세계로 다가가기 위한 방편이 될 것이다.

③ 드립포트의 그립(Grip)법

핸드드립식 커피 추출 과정에서 추출자가 행하는 가장 핵심적인 단계가 바로 물붓기이다. 모든 유익한 이론은 물붓기를 통해 연출되는 다양한 현상들을 과학적이고 논리적으로 해석하고 일반화하는 과정에 다름 아니다. 요컨대 물붓기는 핸드드립의 핵심이자 백미(白眉)이다.

물붓기의 유일한 목표는 어떻게 추출자가 의도한 맛을 구현해 내느냐에 있다. 그것은 드립포트에 담긴 뜨거운 물을 드립퍼에 담긴 커피 위로 섬세하게 '내려놓는' 작업이며, 추출자의 마음과 정성을 커피에 '담아내는' 절정의 순간이다. 따라서 추출자는 애초의 의도와 목표를 달성하기 위하여 최적의 조건과 환경을 조성해나갈 필요가 있다.

드립포트는 그 손잡이를 어떻게 잡느냐에 따라 물줄기 조절에 이롭기도 하고, 자칫 바람직하지 못한 습관이 만들어지기도 한다. 일상에서 접하게 되는 거의 모든 그립법은 경험에서 비롯된 사례들이고, 그 사례들 중에서 나의 경향과 내가 사용하는 드립포트의 장점을 가장 잘 살리는 방법을 도입하면 크게 무리는 없다. 그럼에도 불구하고 그립법에 대해 논의하는 것은 최선을 다해 최상의 결과를 얻기 위한 출발점이기 때문이다. 올림픽 육상경기의 꽃인 100m 달리기에서 출발선에 선 선수들은 왜 하나같이 똑같은 자세로 웅크리고 앉아 출발 준비를 할까? 그 이유와 같은 이치일 것이다. 물론 나만의 특이한 그립법도 소중하겠으나, 여기에도 보편적으로 적용되는 원리가 있는 만큼 그것을 확인하고 이해하는 것도 의미있는 일일 것이다.

아래에서 소개하는 그립법 역시 필자의 경험에 따른 소개에 지나지 않을 수 있으나, 하나의 완성된 드립포트를 생산해내기 위해서 제조사의 연구진이 핸드드립 물줄기 조절에 대해 고민하고 연구한 의도와 특징이 드립포트에 적용되어 있으므로, 아래 내용들이 물줄기를 조절하고 제어하는 데 효율과 최적의 효과 차원에서 도움 되기를 바란다.

드립포트 그립에 있어서 핵심은 손과 손목, 팔, 어깨가 최대한 편해야 한다는 데 있다. 이 부위들이 경직되지 않도록 하기 위해서는 일단 힘을 빼고 부드럽고 자연스러운 자세를 취해야 한다. 그 다음 손목 10%, 팔꿈치 40%, 어깨 50%의 비율로 적절하게 힘과 역할을 안배해가며 핸들링하는 것이 바람직하다.

• 고리(Loop)형 손잡이

고리 모양의 손잡이가 드립포트 몸체에 붙어 있다. 손가락을 넣고 걸어서 잡는 형태이다. 아래와 같은 종류가 있다.

[그림 65] 고리형 손잡이 드립포트

핸드드립을 진행하는 과정에서 그립법에 작용하는 변수는 기울기이다. 드립포트의 물이 소진됨에 따라 주전자가 시계 반대방향(오른손 기준)으로 점점 더 기울어지기 때문이다.

고리형 손잡이 형태로 되어 있는 드립포트를 잡을 경우에는 손가락을 안으로 넣어 걸어서 잡게 된다. 만일 처음부터 끝까지 움켜쥐는 그립법으로 추출을 끝내려 한다면 후반부로 갈수록 손목의 각도가 많이 꺾어지게 될 것이다. 이는 손목 근육에 부담을 줄 뿐만 아니라, 유려한 물줄기 조절에도 불리하게 작용한다.

드립포트의 기울기에 따라 능수능란하게 그립법을 전환함으로써 상황에 유연하게 대처한다면, 물줄기도 안정되고 조절도 쉬워진다. 아래는 드립포트의 수위 변화에 따라 대처할 수 있는 그립법의 예시이다. 드립이 진행되고, 드립포트의 기울기가 심해짐에 따라 엄지손가락의 위치가 조금씩 달라지고 있다.

수위가 높을 때 그립법   중간 수위일 때 그립법   수위가 낮을 때 그립법

[그림 66] 고리형 손잡이 그립법

• 가지(Lever)형 손잡이

손잡이가 드립포트 몸체로부터 가지 모양으로 뻗어 나와 있는 형태이다. 가지의 방향이 수직 방향보다는 수평 방향으로 조금 더 올라가 있는 모양으로 다음과 같은 사례가 있다.

[그림 67] 가지형 손잡이 드립포트

가지형 손잡이를 엄지를 제외한 네 손가락 모두로 움켜질 경우, 검지는 몸체 상단부로 깊이 위치하게 된다. 이 경우 물이 소진됨에 따라 손목이 많이 꺾어지게 되므로 움직임에 둔감해진다. 보다 유연한 움직임에 대처하는 방법으로 아래의 형태가 도움이 된다.

손잡이 끝부분을 손바닥에 자연스럽게 위치한 모습   그립 전체 모습

[그림 68] 가지형 드립포트 그립법

좌측 사진에서와 같이 손잡이 끝부분을 손바닥 가운데로 자연스럽게 위치시키고, 우측 사진에서처럼 엄지와 검지를 활용하여 손잡이 좌우측면을 쥐고 물줄기를 조절한다. 이 그립법으로 드립포트를 잡으면 손목을 이용하는 데도 편리하다. 라떼아트를 위한 스팀피처 그립 시에도 널리 활용되는 방식이다.

• **전신 자세** (Approach)

　물붓기를 할 때 어떤 자세로 서서 진행하는 것이 물줄기 조절에 용이한지에 대해 살펴보자. 자세(혹은 그립법)를 취함에 있어서 중요한 포인트는 지속성이다. 아무리 최상의 자세라 하더라도 5회 연속으로 커피 추출을 시도하기 힘든 자세라면 곤란하다. 드립퍼의 위치가 너무 높거나 낮지 않도록 테이블을 조절하고, 몸의 상체는 흔들리지 않도록 적절히 고정시킨다. 아울러 물줄기가 내려오는 모습과 드립퍼 상황을 매순간 시각적으로 확인할 수 있는 자세라면 무난하다 하겠다. (앉은 자세에서 물붓기하는 경우는 논외로 한다.)

자세 1　　　　　　　　자세 2　　　　　　　　자세 3
[그림 69] 추출시 전신자세 예시

　드립포트를 쥔 손과 팔꿈치, 팔의 모습과 각도, 드립퍼와 물붓기 과정을 바라보는 시선의 위치 등을 고려하여 나에게 가장 적합한 자세를 만들어보자. 드립포트를 쥔 손과 손목, 팔꿈치로 이어지는 팔의 각도는 가급적 수평이 되도록 하고, 몸은 테이블과 수직에 가깝도록 하는 게 좋다. 엉거주춤한 모양보다는 당당하고 자신감 있는 자세, 안정감 있는 태도는 추출과정을 지켜보며 한 잔의 드립커피를 기다리는 사람에게 더 큰 신뢰감을 준다.

④ 드립포트 주둥이(Spout) 튜닝

더욱 정밀한 물붓기를 위해서는 굵기가 가늘고 흔들림이 적은 물줄기가 더 유리하다. 이를 위해 드립포트의 주둥이를 튜닝하기도 하는데, 의외로 만족스러운 변화를 경험할 수 있다.

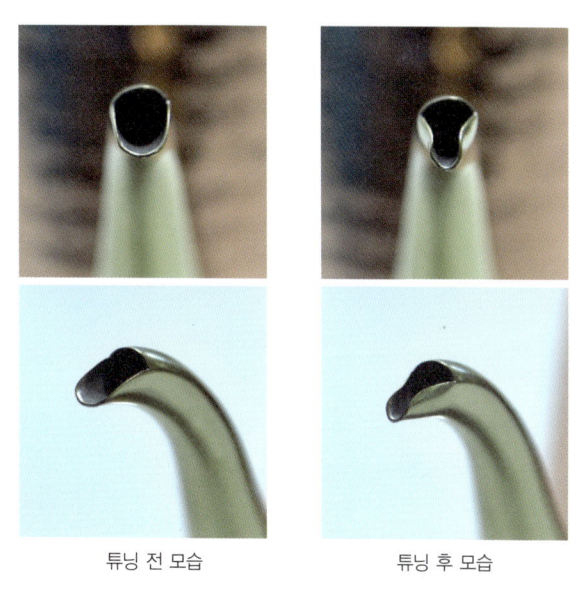

튜닝 전 모습   튜닝 후 모습

[그림 70] 드립포트 주둥이의 튜닝 전후 모습

튜닝을 위해서는 주둥이의 재질이 성형이 가능한 정도로 연질이어야 한다. 스테인리스 재질의 드립포트 주둥이를 망치 등으로 두드려서 좁히거나 바이스(Vise) 등에 물려 성형을 시도하기도 하지만 권장할 만한 사안은 아니다. 따라서 튜닝을 염두에 두고 드립포트를 구입한다면 그 가능성과 용이성을 감안하여 제품을 선택하는 것이 좋다.

• 튜닝 방법

주둥이 표면에 손상이 생기지 않도록 두꺼운 헝겊이나 가죽 등으로 감싸고, 플라이어를 사용하여 끝부분의 폭을 좁게 만든다. 또한, 맨 끝부분을 플라이어로 잡고 이번에는 아래 방향으로 당겨 내려 물이 수직 방향으로 더 자연스럽게 내려올 수 있도록 만든다.

• 튜닝의 정도

물이 빠져나오는 통로를 무조건 좁게만 만들면 얼마든지 가늘고 일정한 물줄기를 만들 수 있을까? 이 물음에 대한 대답은 "그렇지 않다"이다. 다음 그림을 참조하자.

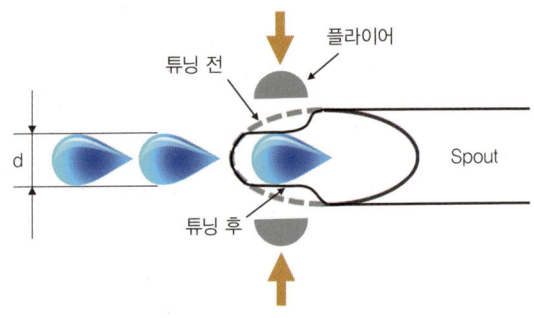

[그림 71] 주둥이 튜닝의 정도

자연상태에서 어떤 물방울은 큰 물방울로 떨어지고, 다른 물방울은 작게 떨어지는 것은 아니다. 즉, 동일한 응집력을 가지고 있는 한 액체의 물방울들은 비슷한 체적을 갖고 있고, 물방울 폭의 치수도 유사하다. 위 그림에서 한 개의 물방울이 차지하는 간격 d는 응집력이 물방울을 이루며 버틸 수 있는 최대 폭에 해당하는 크기이다.

드립포트의 주둥이를 튜닝할 때 d보다 더 좁게 튜닝될 경우, d만큼의 폭을 유지하려 하는 물성 때문에 좁아진 주둥이를 벗어나 타고 넘는 현상이 생길 수 있다. 스파우트를 타고 넘어 찌그러진 모양의 물방울은 응집력에 의해 그 모양이 다시 원형으로 복원되는 과정에서 일찍부터 와류가 발생할 가능성이 더 커지게 된다.

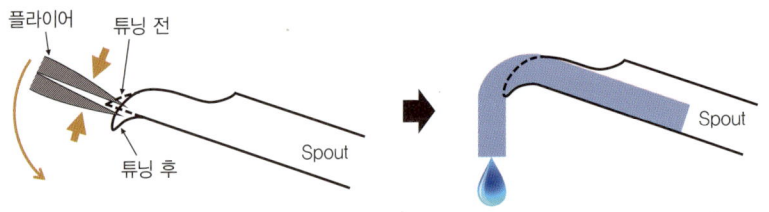

[그림 72] 주둥이 끝을 아래방향으로 끌어내리는 튜닝법

다른 차원의 튜닝 한 가지를 더 살펴보자. 앞의 그림은 주둥이 측면 모습이며, 끝부분을 플라이어로 잡아 아래 방향으로 내림으로써 물의 흐름이 수직 방향으로 보다 자연스럽게 흐를 수 있도록 만들어준 것이다. 작업은 다소 까다롭지만 만족도는 매우 높은 방법이라고 할 수 있다.

주둥이를 좁히되 너무 좁게 만들면 오히려 부작용이 생길 수 있다. 그래서 적절한 폭을 유지하는 것이 주둥이 튜닝의 핵심이다. 그렇다고 튜닝이 능사는 아니다. 튜닝하지 않고서도 가는 물줄기를 수직으로 내리는 정도의 스킬을 갖추는 것이 최상이다.

Step one : get some pliers. Step two: take an elephant-trunk kettle and pinch the spout so the water will flow straight down (like a waterfall) rather than curving (like the Manneken Pis). Step three: heat the water to 90-92 degrees Celsius. Use 90 for a mild brew, says Murayama, and 92 for a bolder taste. Step four: pour just enough water to dampen the grounds, avoiding the cloth, and let it sit. Put your nostrils near the filter and notice how the grounds gradually get sweeter. When you like what you're smelling . . . Step five: pour the 90-92-degree water through and collect the coffee below. Step six: froth the coffee to aerate it. Step seven: serve at 40 degrees Celsius.

위 영문은 2010년 3월 26일자 Japan Times에 게재된 융드립의 절차에 대한 칼럼 내용으로, 전반부를 해석하면 아래와 같다.
"1단계 : 플라이어를 집는다. 2단계 물이 수직으로 곧게 떨어질 수 있도록 주둥이(Spout)를 플라이어로 꼬집는다. (후략)"

점적(點滴 : 방울방울 떨어뜨려 물붓기하는 방식, 점드립)의 섬세함이 필요한 융드립 실행 방법을 설명한 내용으로, 첫 두 단계는 물의 직하를 위해 드립포트 주둥이를 튜닝하는 것에서부터 설명하고 있다.

2) 드립퍼

물이 드립포트를 떠나 도착하는 곳이 분쇄커피가 모여 있는 드립퍼다. 앞서 이론편에서 드립퍼의 구조를 이루는 구성요소와 그 요소들이 커피 추출과정에서 담당하고 있는 역할, 각 드립퍼의 형태별 특징 등에 대해 알아본 바 있다.

이 장에서는 드립포트로부터 공급된 물줄기가 드립퍼에 도착하면서부터 떠날 때까지의 과정을 살펴보고, 그것을 실전에 접목하는 현실적 방안을 파악해보기로 한다.

① 물이 물을 밀어내는 원리

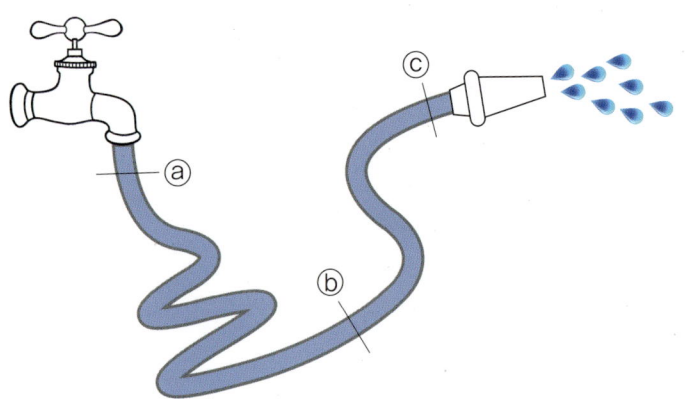

[그림 73] 물이 물을 밀어내는 원리

위 그림에서 수도꼭지를 열면 물은 ⓐ지점을 지나 ⓑ지점을 통과한 후, ⓒ지점을 거치면 노즐을 통해 외부로 배출된다. 이번에는 수도꼭지를 잠그고 노즐에서 물이 더 이상 나오지 않는 것을 확인한 뒤 다시 수도꼭지를 열자. 수도꼭지를 통해 나온 새 물이 ⓐ지점을 통과한 후 ⓑ지점을 거치지 않고 바로 ⓒ지점으로 나아갈 수 있는가?

당연히 그렇지 않다. 잠갔던 수도꼭지를 다시 열자마자 반대쪽 끝에 있는 노즐로부터도 물이 나오는 것은, 호스에 존재하고 있던 기존 물을 새 물이 밀어내는 바람에 노즐에서 물이 나오는 것이지, 새 물이 기존 물을 새치기하여 노즐까지 곧장 달려와 노즐을 통해 나오는 것은 아니다. 즉, 물이 물을 밀어내는 것이다.

이제 호스의 길이를 짧게 하고 지름을 크게 하여 세워, 물이 중력을 받아 아래로 흐르게 만든다고 가정해보자. 짧게 세워진 이 호스를 드립퍼로 간주한다면, 드립퍼 상부로 공급된 새 물은 앞서 공급된 기존 물(분쇄커피가 품고 있는)을 아래로 밀고, 그 자리를 대신 차지하는 과정으로 이해할 수 있다. 이때, 기존 물을 밀어내게 만드는 힘은 중력에 의존해야 한다.

중력 외 다른 힘은 의도하지 않았던 상황을 종종 초래하기도 한다. 이를테면 드립포트를 높이 들어서 생기게 되는 위치에너지로 말미암아 물이 분쇄커피로 강한 힘으로 떨어지면, 추출이 진행되고 있는 드립퍼 내부 현장을 새 물이 휘젓고 들어가 교란되는 상황이 발생됨과 동시에 추출 체제의 균형은 깨어져버린다. 즉, 새 물이 기존 물을 새치기하는 상황이 벌어져 추출 현장은 뒤죽박죽 되는 것이다.

분쇄커피 위에 물줄기를 차분하게 내려놓는 기본은 물이 물을 밀어내는 원리를 올바르게 이해하고 적용하는 일이며, 모든 응용도 여기서부터 시작하자.

② **드립퍼를 놓는 위치와 방향**

드립퍼를 드립서버 위에 올려놓기만 하는 것으로는 어딘가 전문성이 부족해 보이는 느낌이 있다. 추출자는 오른손의 역할과 왼손의 역할을 명확히 규정하고, 추출을 위한 기물의 위치, 방향, 기물의 동선 등을 처음부터 잘 세팅할 필요가 있다. 그러면 양손의 동선이 꼬이지 않고 순조롭게 추출과정을 리드할 수 있을 것이다. 아래는 각 기물들의 배치 예시이다.

[그림 74] 핸드드립커피 추출 도구 세팅

- 열을 가지고 있는 기물(드립포트, 드립서버 등)을 바닥에 놓을 때 열전도율이 낮고 관리가 용이한 받침대를 사용하면 이롭다.
- 오른손으로 잡게 되는 기물들(드립포트, 드립서버 등)의 손잡이를 4시 반 방향으로 위치시키면 손의 접근성이 좋다. (오른손잡이 기준)
- 왼손으로 잡게 되는 기물들(드립퍼, 드립퍼 받침대, 서비스할 커피 잔 등)의 손잡이를 9시방향으로 위치시키면 오른손의 물줄기 조절이 용이할 뿐만 아니라 왼손의 접근성도 좋다.
- 드립퍼 받침대 역시 손잡이가 있는 용기를 사용하는 것이 좋다. 물붓기 종료 후에도 여분의 커피 방울이 떨어지고 있는 드립퍼를 받침대가 손쉽게 마중 나올 수 있고, 바닥의 오염을 예방할 수 있다.

앞서 드립포트를 쥔 손과 팔꿈치로 이어지는 팔의 각도는 가급적 일직선상에 두며, 테이블 앞 선과 수직이 되도록 방향을 잡고 물붓기를 진행하는 자세에 대해 알아보았다. 그런데 위에서 내려다 본 분쇄커피 표면의 모양은 드립퍼의 구조에 따라 서로 달라진다.

[그림 75] 물줄기 경로 방향

모든 높이에서의 수평 단면이 원형인 원추형 드립퍼 ⓐ의 경우 드립포트 역시 원형의 궤적으로 움직이며 물붓기를 하게 된다. 반면에 반원추형 드립퍼 ⓑ, ⓒ의 수평 단면 모습은 상부에서 하부로 내려갈수록 점점 더 갸름해지는 타원이다. 그에 따라 물줄기의 궤적 역시 메인스타디움의 트랙을 도는 형태로 이루어진다. 이 경우, 타원의 장지름 축을 ⓑ처럼 가로로 놓고 물붓기를 할 것인가, 아니면 세로로 길게 놓고 물붓기를 할 것인가, 그것도 아니면 ⓒ처럼 사선으로 비스듬히 놓고 물붓기를 할 것인가를 결정해야 한다.

드립포트를 핸들링하는 측면에서 고려해 보면, 세로로 이동하는 것보다는 ⓑ와 같이 가로 방향으로 더 많은 궤적을 그리며 이동하는 것이 신체구조상 더 유리하다. 따라서 드립퍼를 가로로 놓는 ⓑ형 궤적으로 물붓기할 것을 권한다. 이 경우 드립퍼의 손잡이는 좌측 9시 방향으로 놓이게 된다.

양손에 주어진 주요 역할을 예시하면 아래와 같다. (오른손잡이 기준)

오른손	온수기(혹은 전기주전자) 조작, 드립포트로 온수 옮겨 담기. 온도계로 온도 측정, 드립포트로 물붓기 하기, 드립서버로 추출된 커피를 잔에 따르기
왼손	물붓기를 위해 드립퍼를 드립서버 위로 옮기기. 물붓기 종료 후 받침대로 드립퍼 내리기
양손	여과지를 접어 드립퍼에 장착하기. 드립퍼에 분쇄커피를 담고 좌우로 가볍게 흔들어 표면을 수평으로 맞추기

[표 23] 오른손과 왼손의 역할 분담

③ 물줄기 내려놓기

핸드드립식 커피 추출의 실전에 있어서 추출자의 역량이 발휘되는 가장 중요한 부분이자, 커피 추출의 향배를 결정하는 핵심 단계이다.

물 흐름의 원리를 확인하고 드립퍼를 준비했다면, 이제 본격적으로 물붓기를 시작해야 한다. 추출자들이 물줄기를 몇 바퀴, 몇 차례 돌릴 것인가에 대해 집중하는 모습을 자주 본다. 중요한 부분이지만, 그보다는 물줄기를 분쇄커피 위에 올리는 방법과 요령, 요소들의 상관관계에 대한 이해가 더 중요하다. 그래야 각각 다른 상황에 유연하게 대처할 수 있고, 나아가 몇 바퀴, 몇 차례라는 경직된 공식으로부터도 자유로워질 수 있다.

본격적인 물붓기를 시작하기에 앞서 이론부분에서 살펴보았던 '현실적인 추출'의 주안점을 대전제로 상기해보자.

대전제	분쇄된 커피 알갱이 하나하나를 스쳐 지나가는 물 양의 편차를 최소화하고, 온도하락에 따른 변수를 최대한 감안하여 고르게, 안정적으로 추출되는 커피

[표 24] 현실적 추출의 대전제

• 밧줄 내려놓기 연상법

앞에서 살펴본 바람직한 물줄기의 요건은 아래와 같다.

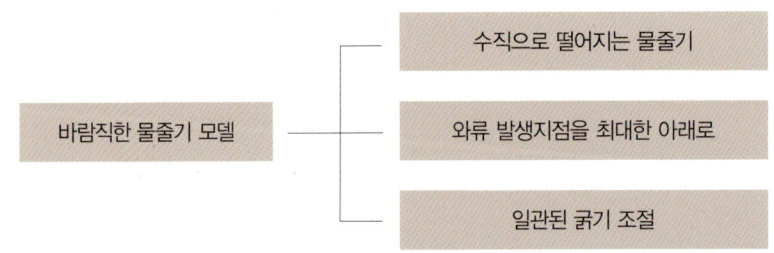

[표 25] 바람직한 물줄기 모델의 3요소

이를 토대로 일직선으로 밧줄을 내려놓는 상황을 연출했다. 이제, 일직선을 원형으로 말면 물붓기 과정과 유사한 모양이 된다. 상상력을 발휘해서 드립퍼의 수평 단면을 연상해 보자.

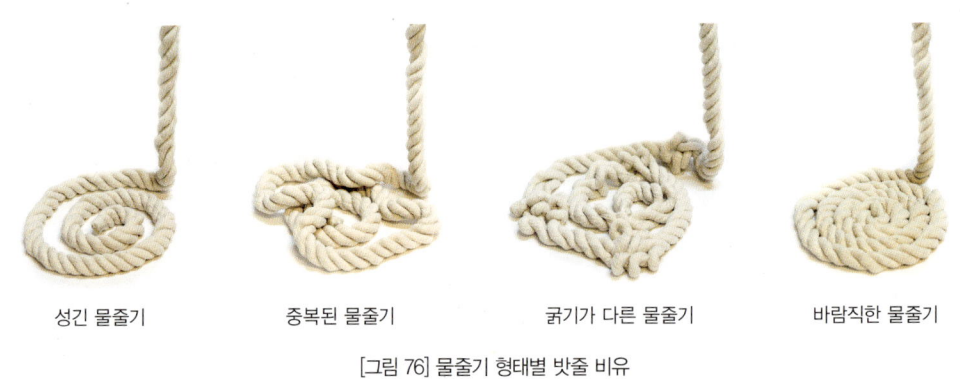

[그림 76] 물줄기 형태별 밧줄 비유

밧줄을 물줄기라고 간주한다면, 물줄기를 분쇄커피 위에 밧줄 내려놓듯 차곡차곡 내리는 과정이 물줄기 조절이라고 할 수 있다. 유의할 점은 물줄기를 수직으로 내려놓되, 물줄기 간의 간격과 굵기를 일정하게 유지하고, 물줄기의 궤적을 생략하거나 적체되지 않도록 조절해야 하는 점이다.

• 물줄기 궤적

캠핑 용품으로 개발된 드립퍼는 부피를 극단적으로 줄이기 위해 평평하게 접어지는 형태로 고안되었다. 이것을 펼치면 횡단면이 사각형 모양이 된다. 따라서 분쇄커피를 담은 뒤 물줄기도 가급적 사각 모양으로 내려놓는 것이 이롭다.

[그림 77] 캠핑용 드립퍼

그러나 다행스럽게도 거의 모든 드립퍼는 횡단면이 원형이거나 타원형이어서 물줄기 조절에 있어 보다 안정적이고 연속적인 효과를 기대할 수 있다. 물줄기의 궤적은 횡단면의 모양대로 원형에서 시작하여 원형으로 마무리하는 방법이 가장 무난하다. 모든 응용모델도 여기에서부터 출발하자.

원형 궤적   타원형 궤적

[그림 78] 드립퍼 형태별 물줄기 모양

제4장 핸드드립 실전   133

시계방향으로 돌리느냐, 아니면 반시계방향으로 돌리느냐는 문제되지 않는다. 추출자의 성향에 편리한 방향이면 된다.

몇 회전의 물줄기 궤적이 생겨나느냐는 물줄기 굵기에 따라서 달라진다. 굵은 물줄기로 여러 번 돌림으로써 과도한 양의 물을 한 번에 내려놓을 필요가 없기 때문이다. 가는 물줄기는 6~10번 이상의 회전이 가능한 데 반해, 굵은 물줄기는 2~3번 만에도 의도했던 1회 물붓기 물 양을 내려놓을 수 있다.

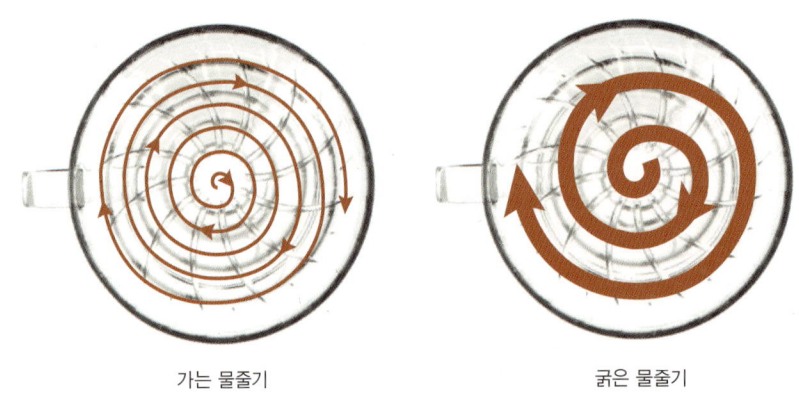

가는 물줄기   굵은 물줄기

[그림 79] 가는 물줄기와 굵은 물줄기

그렇다면 불편하게 굳이 가는 물줄기를 고집하지 말고 굵은 물줄기로 쉽고 빠르게 물붓기 하면 되지 않겠는가? 그렇지는 않다. 물붓기 경력이 많으면 많을수록 가는 물줄기의 필요성을 더 느끼게 되는데, 그 이유는 분쇄커피의 입자 표면에 물줄기가 가늘게 닿을수록 분쇄커피입자를 밀쳐내는 힘이 상대적으로 더 작아진다는 데 있다. 그만큼 더욱 세심한(해상도 높은) 추출을 유도할 수 있다는 것이다.

여기에서 잠시 이론파트에서 살펴보았던 유속과 농도와의 상관관계를 복습해 보자. 물줄기 조절을 가늘게 하면 물이 소량씩 내려오고 중력의 영향을 적게 받아 유속도 느리게 된다. 그 결과로 더욱 깊이 있는 향미와 농도가 진한 커피를 추구하는 데 가는 물줄기가 유리하다.

이제 위에서 살펴본 기본적인 물줄기 궤적에 기초하되, 현실적으로 도움이 되는 범위 내에서 응용한 사례를 살펴보자.

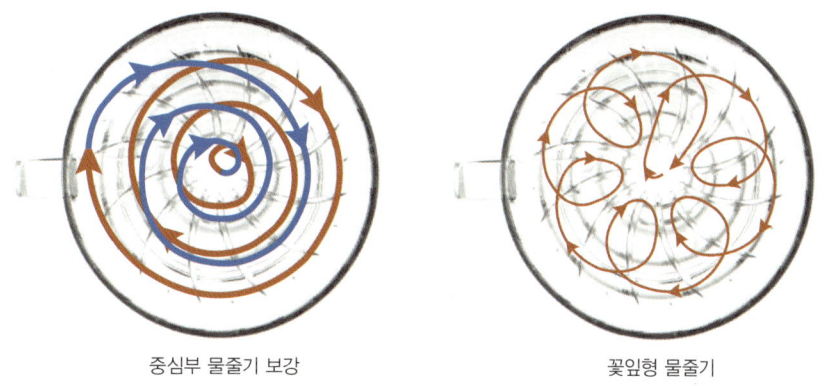

중심부 물줄기 보강　　　　　　꽃잎형 물줄기

[그림 80] 물줄기 응용

위 좌측 그림은 중심에서부터 시작된 물줄기(갈색 궤적)가 외곽의 끝 지점에 다다른 후 다시 중심으로 물줄기(파란색 궤적)를 옮기는 방법으로서, 현실적으로 매우 유용한 물붓기법이다. 분쇄커피의 양이 절대적으로 많은 중심부는 최초 투입되었던 물이 추출 성분을 상부에서 이미 받아들여 하부의 추출이 촉진되지 못하는 상황이 발생될 수 있으며, 커피입자가 쌓여 있는 층이 높으므로 물과의 마찰력도 높아 하부로 갈수록 유속이 느려지는 현상도 발생한다. 이 물붓기법을 이용하면 가운데 부분으로 물양을 조금 더 공급해줌으로써 이 문제들이 해결되는 데 도움 될 수 있다. 더불어 먼저 시작된 가운데 부분의 물이 아래로 빠져 내려감으로 인해 깔때기 모양으로 중심이 아래로 빠져 내려가는 바람에 차회 물붓기 타이밍에 애로를 겪을 수 있는 문제도 예방할 수 있다.

우측 그림은 동심원 형태의 기존 물붓기법의 형식을 과감히 벗어난 물붓기법으로서 다소 가는 물줄기를 이용하여 물붓기를 진행한다. 복수의 작은 원형 궤적은 드립퍼 중심을 기점으로 하여 방사형으로 펼쳐져 있고 각 원형 궤적은 중심부를 한 번씩 들렀다 간다. 그래서 분쇄커피량이 상대적으로 더 많은 중심부에 물의 양도 더 많이 투입되는 긍정적 효과가 있다.

또, 가는 물줄기로 궤적이 길어짐에 따라 물이 부족한 지점을 시시각각 파악하여 적절한 대처를 할 수 있는 장점도 있다. 단, 물줄기가 굵어질 경우 분쇄커피에 도달한 물이 한쪽으로 먼저 쏠리는 현상을 초래하여, 복잡한 물줄기 궤적으로 인해 추출 현장의 균형이 깨질 수 있으므로 유의해야 한다.

• 물줄기가 분쇄커피 표면을 달리는 속도(물줄기를 한 바퀴 돌리는 속도)

앞에서 '현실적인 추출'의 대전제로 분쇄된 커피 알갱이를 스쳐 지나가는 물 양의 편차 최소화를 고찰하였다. 분쇄커피가 일정량의 물을 받아들이는 과정을 이해하기 위해, 분쇄커피의 '단위 체적' 개념을 도입하자.

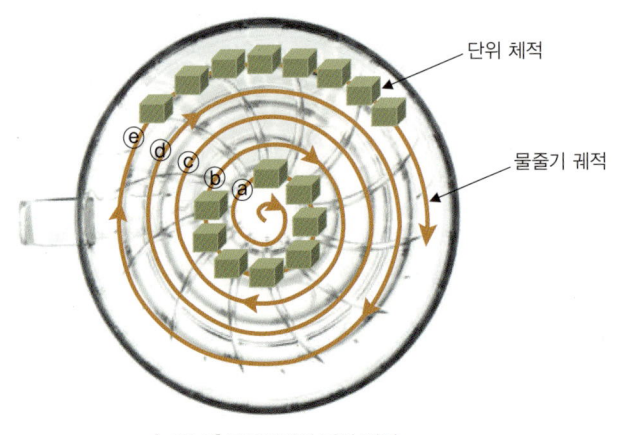

[그림 81] 분쇄커피의 단위 체적

위 그림에서 물줄기가 블록으로 표시된 궤적을 따라 움직인다고 가정하자. 위의 대전제에 부합하려면 드립퍼 중심부의 한 바퀴에 해당하는 ⓐ궤적에 나란히 위치한 8개의 단위체적과, 드립퍼의 중심에서 가장 멀리 떨어진 ⓔ궤적에 나란히 위치한 8개의 단위체적에 동일한 양의 물이 공급되어야 한다. 이는 결국 동일한 굵기의 물줄기로 물을 공급할 때, 각각 8개의 단위체적에 물이 공급되는 시간, 즉 물줄기가 단위체적을 밟아 나가는 시간이 같음을 의미한다.

이를 통해서 우리는 일정한 물줄기로 ⓐ궤적을 한 바퀴 도는 시간과 ⓔ궤적에 이르러 1/4바퀴 가량 도는 시간이 같다는 사실을 알 수 있다. 결론적으로, 중심부에서 일정시간동안 물줄기가 1바퀴를 돌았다면, 외곽으로 나가면 나갈수록 1바퀴 도는 시간을 훨씬 늘여서 물붓기할 필요가 있다.*

---

* 드립퍼는 아래로 내려갈수록 지름이 작아지는 테이퍼(Taper) 형상이다. 분쇄커피의 최상부 평면상에서 가장자리 부분은 중심부보다 커피량이 현저히 적고, 여과지를 통과한 물이 리브를 따라 그대로 내려갈 소지도 크다. 따라서 가장자리로부터 안쪽 10mm 가량은 물줄기를 돌리지 않고 자연스럽게 물이 물을 밀어 번져나가도록 하는 것이 더욱 이롭다고 할 수 있다. 이 부분에 대해서는 다음 장의 추출 프로세스를 통해 상세하게 살펴보기로 하자.

• **다양해지는 드립퍼 받침대**

핸드드립 커피를 취급하는 커피전문점 수가 늘어남에 따라 많은 수요를 한꺼번에 소화할 수 있는 아이디어 제품들이 속속 등장하고 있다.

 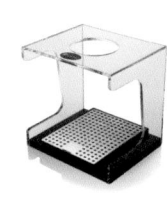 

3구 드립 스테이션　　　　단독형 드립 스테이션　　　　암 스탠드

[그림 82] 다양한 형태의 드립퍼 거치대

이런 제품들은 매장의 동선을 줄이고 효율적인 서비스를 제공하는 데 도움이 된다. 그러나 드립서버와 드립퍼 사이의 열린 공간으로 말미암아 드립서버 위에 드립퍼를 직접 올린 상태에서 추출을 진행하는 형태에 비해 추출온도의 안정성이 떨어지게 된다. 추출된 커피가 드립퍼를 떠나 드립서버로 내려오는 과정에서 대기에 노출되면 커피의 온도는 물론 및 향미 보존에도 불리하다. 특히 에어컨이나 선풍기 등의 차가운 바람에 노출되는 장소라면 손실이 더 커지므로 유의해야 한다.

부수적으로 세척이 가능한 별도의 받침대가 포함된 형태의 드립 스테이션도 제작되고 있다. 이런 제품은 추출 종료 후 드립서버를 들어낼 때 바닥으로 떨어지는 여분의 커피 방울 문제를 해결했다는 면에서, 그리고 재빨리 서브 받침대로 옮기는 수고를 덜어준다는 점에서 유용하다.

핸드드립과 관련한 기발하고 쓸모 있는 보조기구들은 앞으로도 계속 개발될 것이다. 이런 제품에 대한 관심이 높고, 많은 매장에서 도입하는 데에는 맛의 편차를 최소화하고 상대적으로 빠른 서비스를 제공하고자 하는 의지가 작용하고 있다. 물론 새롭고 모던한 디자인, 그로부터 비롯되는 디스플레이 효과 역시 무시할 수 없는 인기 요인이다.

3) 여과지

앞의 이론편에서 다양한 소재의 여과 기물에 대해 살펴본 바 있다. 여기에서는 커피전문점이나 가정에서 가장 많이 활용되고 있는 종이 소재의 여과지 사용법에 대해 알아보자. 종이필터라고 부르기도 하는 여과지를 드립퍼에 장착할 때는 아래 그림과 같은 순서가 권장된다.

• 여과지 장착 순서

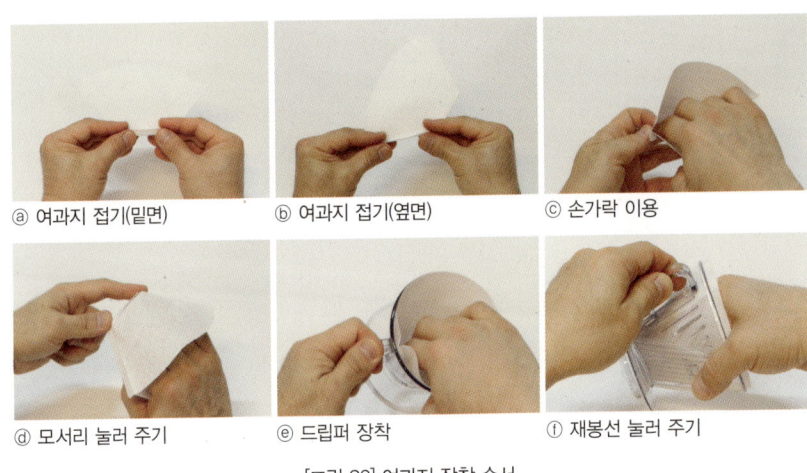

[그림 83] 여과지 장착 순서

ⓐ, ⓑ 여과지는 압축 재봉선 라인을 따라 꼭 맞게 접는다.
ⓒ 오른손 검지와 중지, 약지 등 세 손가락을 여과지 안쪽으로 나란히 넣되 검지 측면에 세로 재봉선이 오도록 한다.
ⓓ 검지와 약지가 모서리 안쪽에서 버티도록 하고, 왼손으로 모서리의 모난 부분을 눌러준다. 모난 부분을 누르는 이유는 여과지가 드립퍼 안쪽 구석에 더 잘 밀착될 수 있도록 하기 위함이다.
ⓔ 왼손으로 드립퍼 손잡이를 잡고, 오른손으로는 ⓓ 상태 그대로 여과지를 드립퍼 안쪽으로 밀어넣는다. 이때 드립퍼 손잡이 방향에 검지 쪽 재봉선이 위치*하도록 한다. 그 상태에서 드립퍼를 드립서버 위로 바르게 위치시킨다.
ⓕ 손가락을 빼기 전에 검지의 옆면으로 재봉선도 같이 눌러줌으로써 드립퍼로부터 여과지가 들뜨지 않도록 장착한다.

---

* 여과지의 재봉선을 드립퍼의 손잡이 방향으로 위치하도록 하는 것은 반복적인 물붓기 과정에서 발생할 수도 있는 경우의 수를 줄이기 위해서이다.

반원추형 드립퍼는 위의 여과지 장착법을 준용하면 된다. 원추형 드립퍼는 한쪽 측면만 재봉된 고깔 모양의 여과지를 재봉선과 나란히 접어 바로 장착하면 된다. 이 때에도 여과지 재봉선이 드립퍼의 손잡이 부분 쪽으로 위치하도록 한다.

4) 드립서버

거의 대부분 유리 소재의 드립서버를 사용한다. 계량이 편리하고, 추출되는 상황을 볼 수 있으며, 진한 갈색의 결과물을 통해 시각적인 만족감도 얻을 수 있기 때문이다. 유리 서버는 순간적인 부주의로 인해 쉽게 파손될 수 있고, 자칫하면 손을 다칠 수도 있으므로 안전하게 다루는 몇 가지 방법을 알아보고 습관화하자.

• **드립서버 손잡이 방향**

주로 오른손으로 다루게 되므로 손잡이를 4시 반 방향으로 위치시킨다. 그러면 오른손이 최단거리로 접근할 수 있다. 대다수 드립서버의 용량 표시 눈금을 바로 확인할 수 있는 각도로 놓이게 된다는 장점도 있다.

가지형 손잡이

고리형 손잡이

[그림 84] 손잡이 형태별 드립서버와 눈금 위치

서버가 놓이게 되는 바닥이 평평한 금속재질과 같이 열전도성이 높은 소재로 되어 있다면 추출과정에서 커피가 빨리 식을 수 있으므로, 굴곡이 있는 천연재질 등 열전도율이 낮은 소재의 받침대를 사용하는 것이 열 보존에 유리하다.

- 세척시 서버를 안전하게 쥐는 방법

[그림 85] 드립서버를 안전하게 쥐는 법

손에서 미끄러지지 않도록 하고, 의외의 동선에 의해 주변에 부딪히는 상황을 방지하기 위해 드립서버를 안전하게 쥐는 방법을 습관화하자.

- 세척 시 유의점

이종 재질의 손잡이 서버(금속밴드) 이종 재질의 손잡이 서버(플라스틱밴드) 손잡이 일체형 서버

[그림 86] 드립서버의 손잡이와 손잡이 고정형태

플라스틱이나 나무 등 이종 재질의 손잡이를 별도로 장치한 서버의 경우, 서버의 손잡이가 부착된 스테인리스 띠로 드립서버의 목 부분을 감싸서 고정하는 방식을 채택하고 있다.

이 띠가 부착된 형태는 세척 시 세제가 스테인리스 띠와 유리의 틈으로 들어가 헹굼을 하여도 제거되지 않고 세제가 남는 현상을 자주 발생시킨다. 세제가 남아 있는 상태에서 커피를 추출하여 잔에 따르면 커피와 함께 세제가 잔으로 흘러 들어갈 수 있다.

가운데 사진은 이런 부작용을 개선하기 위해 스테인리스를 배제하고 플라스틱 띠를 적용한 제품이다. 띠의 안쪽 면에 연속된 돌기를 상단부에 더 가깝게 만들어 두었는데, 띠와 유리 사이를 원천적으로 약간 띄어놓아 세제가 잘 씻겨 내려갈 수 있도록 하였다. 주로 검은색 플라스틱이어서 세제 잔존 여부를 시각적으로 확인할 수도 있다.

세재는 인체에 치명적인 악영향을 끼치는 물질이므로 미량이라도 커피에 섞여 들어가면 곤란하다. 이에 대해서는 경각심을 가지고 평소에 정확하고 바른 세척과 청결을 습관화하자.

경험상으로 볼 때, 종이 여과지와 유리서버를 사용할 경우 드립서버에 잔존하는 커피 오일 성분은 그리 많지 않다. 따라서 매번 세척제를 써서 닦아내지 않고 물로 깨끗하게 씻어서 잘 말려주는 정도로도 청결 유지가 가능하다. 단, 물세척은 추출한 커피를 잔에 따른 직후, 즉 물기가 마르기 전에 재빨리 하는 것이 유리하다. 커피성분이 남아 있는 상태에서 마르면 틈새로 스며든 오일 성분 등이 쉽게 제거되지 않기 때문이다. 가끔 드립서버의 손잡이를 분해하여 청소를 해주면 더욱 청결하게 유지할 수 있다.

맨 오른쪽 사진은 드립서버와 손잡이가 일체형으로 만들어진 제품이다. 손잡이까지 유리로 되어 있어서 취급할 때 더욱 조심해야 한다. 특히 물기가 남아 있는 손으로 잡을 경우 미끄러질 우려가 있으므로 주의가 필요하다.

드립서버는 추출을 마친 커피를 모으는 역할을 하므로, 추출자의 성향이나 의도와 가장 합리적으로 부합되는 제품을 선택하는 것이 좋다. 안전하게 취급하고 청결하게 관리하는 것을 습관화한다면, 애착을 가지고 오래 사용할 수 있는 기물에 속한다.

2. 추출 과정

지금까지 우리는 핸드드립식 커피 추출과 관련한 이론을 거쳐 기물의 종류와 특징, 각각의 원리와 사용법, 관리와 유의점 등에 대해서 함께 고찰해 보았다. 이제 이 모든 요소들을 총동원하여 집대성 하는 단계로서 추출 프로세스에 대해 살펴보자.

추출 과정은 일반적으로 아래의 순서로 진행된다.

1) 물 끓이기 2) 드립퍼 선택 3) 여과지 장착
4) 커피 계량 5) 커피 분쇄 6) 커피 담기
7) 물 온도 측정 8) 뜸들이기 9) 추출

[그림 87] 핸드드립식 커피 추출 과정

1) 물 끓이기

핸드드립의 첫 단계로 물을 먼저 팔팔 끓인다. 물의 온도가 얼마간 떨어져 의도한 수준에 도달하는 정확한 타이밍에 맞춰 물붓기를 시작하게 된다. 최근에는 특정 온도의 물을 상시적으로 공급할 수 있는 항온 온수기를 설치하여 사용하는 사례가 늘고 있다. 이 경우, 별도의 물을 끓이기 과정이 생략된다.

2) 드립퍼 선택

드립퍼를 선택하고, 커피를 계량하고, 분쇄 정도를 확인한 후 면밀히 설정된 온도의 물로 추출을 진행하는 일련의 과정은 추출자의 의도에 최적으로 부합되는 변수들을 조합하는 중요한 의사결정 단계이다.

• 최종 추출 목표량에 따른 드립퍼 선택

모두 몇 잔 분량의 커피를 추출할 것인가에 따라 드립퍼를 다르게 선택할 수 있다. 총 5인 분량의 커피를 추출하려 한다면, 1인+4인 / 2인+3인 / 2.5인+2.5인 / 5인 등의 방식으로 분량을 나누거나 한꺼번에 추출할 수 있다. 드립퍼는 주로 1~2인, 3~4인, 5인 이상 등 다양한 용량의 제품으로 판매된다. 칼리타 사의 경우 최대 12인 분량의 드립퍼가 출시되어 있다.

• 드립퍼 선택의 기준 예시

앞서 이론에서 살펴보았듯이, 드립퍼는 다양한 형태만큼이나 제각기 다른 특성을 지니고 있다. 물이 분쇄커피를 거쳐 아래로 내려가는 추출과정의 체제도 다르고, 그 결과로 표현되는 커피의 맛도 달라진다. 여기에서는 제품화된 드립퍼의 특성을 고려하되, 그 특징이 확연히 구별되는 3가지 드립퍼의 적용사례를 필자의 견지에서 공유하면 다음과 같다.

구분	칼리타	하리오	고노
형상			
맛의 표현	산뜻한 신맛, 가벼운 바디감과 부드럽고 맑은 커피	잡미가 없는 깔끔하면서 부드러운 커피	진하면서도 부드러운 커피
추출 의도	커피가 지닌 각각의 향미를 최대한 이끌어낸, 해상도 높은 중간 농도의 커피	꽃향, 과일향과 같은 화려한 향미를 살리고, 신맛의 표현이 과하지 않을 정도로 약간 연하고 부담 없는 커피	Full City 이상 볶음도의 커피가 주는 초콜릿 향과 깊이 있는 쓴맛, 바디감이 매력적인 After Taste의 진한 커피
분쇄도	보통	다소 굵게	다소 가늘게
물 온도	보통	다소 높게	다소 낮게
커피량	보통	다소 적게	다소 많게
추출 속도	보통	빠르게	느리게
커피 잔	일반적이고 보편적인 잔	상단 지름이 넓어서 동시에 발산되는 향을 즐기는 데 유리한 잔	지름이 적당히 좁아 향 발산을 늦추어, 커피를 즐기는 시간이 다소 길어지더라도 향미를 유지할 수 있는 잔
산지와 볶음도	브라질, 과테말라, 온두라스 (중간 볶음)	코스타리카, 이르가체페 (약 볶음)	콜롬비아, 케냐 (중강 볶음)

[표 26] 서로 다른 형태의 드립퍼 특징에 부합하는 추출 변수의 조합

산지와 볶음도는 추출자의 의도와 상황에 따라 얼마든지 교체할 수 있는 영역이다. 이를테면, 케냐의 경우 High 단계의 맛이 다르고, Full City 단계의 맛 역시 확연히 차별화된다. 두 가지 볶음도를 관통하는 유사성도 있으나, 전혀 색다른 풍미의 케냐로 재탄생되기도 한다. 이처럼 변화무쌍한 로스팅의 세계를 새삼 깨닫게 되는 경험도 적절한 추출 도구를 통해 얻을 수 있는 즐거움이다. 따라서 더 자유로운 시도로 더 다양한 커피의 세계를 추구하고 경험하기를 바란다.

3) 여과지 장착

가급적 드립퍼 내부에 물기가 없는 상태에서 장착해야 한다. 드립퍼의 물기로 인해 여과지가 젖은 상태에서 분쇄커피를 담을 경우, 그 부분에 닿는 커피는 소량이나마 미리부터 추출이 시작되는 환경에 노출된다. 또한 물기에 젖은 여과지 조직이 부분적으로 늘어나면, 넓어진 조직구조를 통해 액체가 더 잘 통과하게 된다. 이는 곧 유속이 빨라지는 구간이 형성될 가능성이 커지는 것을 의미한다.

4) 커피량 계량

[그림 88] 계량 스푼의 종류

중요도는 상대적으로 낮으나, 없으면 아쉬운 기물이 계량 스푼이다. 드립퍼를 구매하면 함께 제공되기도 하는데, 상단을 깎아서 계량했을 때 약 10g의 커피가 계량되는 제품이 주를 이룬다. 10g은 1잔 분량의 커피를 추출하는데 필요한 보편적인 용량이다.

• **틴컵**(Tin Cup), **파인트컵**(Pint Cup), **쉐이커**(Shaker) 등의 사용

계량을 도와주는 도구로 틴컵을 사용하면 여러모로 편리한 점이 많다. 원두를 스푼으로 계량한 후, 계량한 원두를 틴컵에 바로 부어서 사용할 수 있다.

[그림 89] 계량 보조기구

10g만 사용할 경우에는 한 스푼의 양이 되겠으나, 23g의 원두를 사용할 경우에는 두 스푼에다 1/3 스푼을 추가해야 한다. 이럴 때 틴컵을 이용하면 계량한 작은 스푼으로 일일이 그라인더로 옮겨 담는 불편함 없이 단 한 번에 가능하다. 내장에서는 전동 그라인더의 토출구 아래에 틴컵을 바로 받쳐서 분쇄커피를 받아낼 수도 있다.

5) 커피 분쇄

전기를 이용한 자동 분쇄기는 물론, 사람의 손으로 작동하는 수동 분쇄기 역시 분쇄 정도를 조절하는 기능을 갖고 있다.

• 미분은 가급적 배제한다.

자동 분쇄기를 사용하던 중, 평소와는 달리 커피 맛이 부정적으로 변한 것을 느낄 때는 칼날(Burr)을 교체할 시기가 되었다는 것을 뜻한다. 미분이 많으면 물붓기가 진행되는 동안 서로 크기가 달라서 발생하는 입자별 추출수율 편차도 커지고, 물의 흐름을 따라 미분이 휩쓸려 이동하여 드립퍼의 아래쪽으로 미분이 모이게 된다. 심할 경우 물 빠짐이 나빠지는 현상이 발생하기도 한다. 이는 추출자의 의도와 무관한 물 흐름의 정체를 뜻함과 동시에, 정체 부분의 과다추출로 인한 잡미 발현의 결과로 이어져 추출된 커피의 맛에 즉시 부정적으로 영향을 미친다.

• 한 번의 추출에는 동일한 분쇄도의 분쇄커피만을 사용한다.

분쇄도가 서로 다른 분쇄커피를 사용할 경우 추출수율이 서로 달라져 균형 잡힌 커피를 얻기 힘들어진다.

• 분쇄기 내부의 분쇄 공간을 소량의 새로운 커피로 예비 분쇄하여 잡미 발현을 최소화한다.

서로 다른 산지의 커피를 연이어서 추출할 경우, 소량의 새로 분쇄할 산지의 커피를 예비 분쇄한 후 이는 버리고 계획한 정량을 다시 분쇄하여 추출에 사용할 분쇄커피를 마련해보자. 이로써 해당 산지의 커피 맛에 더 충실한 결과물을 기대할 수 있다.

고가의 전동 그라인더라 할지라도 칼날을 포함한 분쇄 공간 내에는 직전 분쇄커피의 잔유물이 남게 되는데, 극히 소량이라 할지라도 이 잔유물이 차회 분쇄커피와 섞여 추출된 커피는 그 맛이 저하될 (해상도가 떨어질) 소지가 있다.

더욱이 Full City 브라질 → High 이르가체페, 혹은 반대로 High 이르가체페 → Full City 브라질 순으로 분쇄를 진행하는 경우와 같이, 차회 분쇄할 산지 커피 맛의 특징이 서로 크게 상이할 경우 더 큰 영향을 미친다. 따라서 Full City 브라질을 먼저 분쇄한 후, High 이르가체페를 분쇄해야 할 경우 소량의 이르가체페를 예비 분쇄하여 버리고, 계획한 이르가체페 정량을 다시 분쇄하여 사용함으로써 뜻하지 않은 변수를 배제한다면 더욱 완성도 높은 이르가체페 커피를 얻을 수 있을 것이다. 해당 산지의 커피 맛에 충실하고자 하는 최선의 노력은 분쇄 과정에서도 발휘될 수 있다.

가정에서 사용하는 분쇄기를 수개월 만에 다시 사용하는 경우에도, 약간의 커피로 먼저 예비 분쇄하는 과정을 두는 것은 유익한 측면이 의외로 많다.

6) 커피 담기

분쇄한 커피를 드립퍼에 장착된 여과지 위로 부어 담을 차례다. 어렵지 않은 과정이나 두 가지 사항에 유의하여 커피를 담는다.

- **드립퍼에 담은 분쇄커피의 최상단 표면은 수평면이 되도록 한다.**

담은 분쇄커피의 표면에 산과 계곡, 들판과 호수가 생기면 좋지 않다. 물이 투입되었을 때 산을 타고 흘러내린 물이 계곡을 따라 흘러서 들판이나 호수에 고이기 때문이다. 움푹 파인 곳으로 물이 흘러들면 해당 지점과 그 아래 방향으로 추출이 더 집중되므로 균형 잡힌 커피를 얻기 어렵다. 아래 사진과 같이 양손으로 드립퍼 양쪽을 가볍게 잡고 좌우로 1~2회 살짝 흔들어 표면이 수평면이 되도록 한다.

[그림 90] 분쇄커피의 수평 맞추기

- 수평을 맞추기 위하여 드립퍼의 측면을 손으로 두드리지 않는다.

분쇄커피가 담긴 드립퍼의 측면을 손으로 두드려 수평을 잡는 것은 좋지 않다. 중력을 받고 있는 분쇄커피가 그 충격으로 인해 아래로 다져져, 추출시 물 빠짐이 느려지면서 정체현상이 생기는 등 결정적인 부작용을 야기하기 때문이다. 그러므로, 드립퍼에 분쇄커피가 담겨진 이후에는 무의식 중이라도 충격을 가하는 일이 없도록 유의하자.

7) 물 온도 측정

분쇄커피가 담긴 드립퍼가 정위치에 자리하면 커피가 추출될 수 있는 현장 준비는 끝난다. 이제 물붓기를 위한 물을 준비할 차례다. 유의할 점은 추출 도중에 물이 모자라지 않도록 해야 한다는 것이다.

- 해당 추출 과정에 필요한 충분한 양의 물을 한 번에 준비한다.

추출이 끝나지 않은 상태에서 물이 부족한 경우가 종종 발생한다. 이때 추출을 중단하고 물을 다시 끓이게 되면, 추출이 일시 중단된 동안 분쇄커피가 이미 품고 있는 정지된 물에 의해 과다추출이 발생된다. 또 드립퍼 내부의 온도가 급속히 떨어지게 되므로 제대로 된 커피를 기대하기도 어렵다. 따라서 한 개의 드립포트를 사용하여 여러 잔 분량의 커피를 추출할 경우에는 별도의 주전자 등에 충분한 양의 물을 미리 준비해 두는 것이 좋다. 그래야 물이 부족할 경우 신속하게 대응할 수 있다.

- 물붓기 중간에 가열하여 온도를 다시 올리지 않는다.

물붓기가 한 번 시작되면 끝날 때까지 물의 온도는 서서히 낮아진다. 핸드드립식 커피 추출의 장점이자 매력은 서로 다른 온도대의 물이 투입됨으로써 다양한 커피 맛을 추구할 수 있다는 데 있다. 따라서 1회 물붓기와 차회 물붓기 사이에 다시 물을 데울 필요는 없다.

항시 일정한 온도를 유지시키는 온수기를 사용하고 있고, 드립포트 2개 분량의 물이 필요한 상황이라면 어떻게 하는 게 좋을까? 이 경우, 두 드립포트에 물을 받아 동시에 온도 측정을 해두고, 1번 드립포트를 사용한 다음 바로 이어서 2번 드립포트로 넘어가는 것이 바람직하다. 만일 1개의 드립포트를 사용해야 한다면 1차 물이 소진된 후 다시 온수기의 물을 받을 수밖에 없다. 이런 경우에는 여분의 드립서버 등으로 물을 두어 번 옮겨 담음으로써 1차 물 소진 직전에 가깝도록 물 온도를 맞춘 뒤 추출을 이어나가기를 권한다.

• **온도계**

[그림 91] 다양한 온도계

다양한 형태의 온도계를 시중에서 구입할 수 있다. 디지털, 아날로그 방식 모두 무난하며, 필요하다면 막대형 온도계를 사용하는 것도 무방하다.

저가형 온도계 중에는 측정된 온도의 오차가 다소 큰 경우가 있으므로 조심하자. 온도계를 새로 구입한 후 정밀한 온도계와 동시에 온도를 측정하여 미리 그 편차를 확인해 둔다면 저가형 온도계라 하더라도 의도한 온도를 가늠하는 데는 문제가 없다.

[그림 92] 드립포트에 고정된 온도계

• **온도의 측정은 고온 → 저온으로 이동하며 측정**

핸드드립에 사용할 물의 온도를 측정하는 방법은 우선 물을 팔팔 끓이고, 열원을 제거한 상태에서 점차 하락하는 온도를 재면 된다. 물의 온도가 의도한 수준에 도달하면 물붓기를 시작한다.

• 온도를 측정하는 장소는 드립포트 몸체

팔팔 끓였던 뜨거운 물을 드립포트로 옮김과 동시에 온도계를 꽂아둔다. 드립포트와 물의 온도가 같아질 때까지 잠시 대기한 후 드립포트 내부의 온도를 측정한다.

이때 정밀한 온도 관리를 위해서는 드립포트 각 부위별 온도가 다르다는 사실을 염두에 둘 필요가 있다. 아래 그림에서 몸체 내부의 온도 ⓐ와 물붓기 시 물이 떠나는 지점인 주둥이 끝부분의 온도 ⓑ는 서로 다르다. 다시 말해서 ⓐ지점의 온도보다 ⓑ지점의 온도가 항상 낮다. 온도를 감지하는 온도계의 끝단은 드립포트의 몸체 중앙부의 물 온도를 측정하고 있는데, 이 물은 동일한 온도의 두터운 액체 층(물)으로 둘러싸여 있어서 온도 보전이 용이하다. 그러나 드립포트 몸체를 떠나 얇은 주둥이를 통과하는 동안 물은 외부의 실온에 가깝게 접촉하면서 가지고 있던 열을 더욱 빨리 빼앗기게 된다.

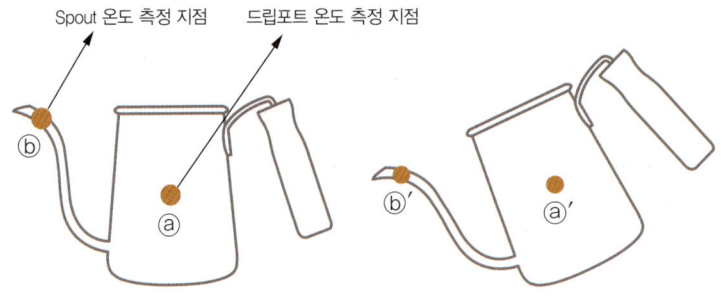

[그림 93] 드립포트 물온도 측정

추출자가 더욱 면밀한 물붓기를 진행하고자 한다면 추출 과정 플랜에 온도 변화의 변수와 편차에 관한 정보를 포함시킬 필요가 있다. 온도 편차 정도에 대한 경험치는 아래와 같다.

드립포트 내부 온도	ⓐ지점과 ⓑ지점의 온도 편차	
	대기 상태(정지된 물)	물붓기 진행 상태(흐르는 물)
90℃일 때	2℃ 전후	0.5℃ ~ 1℃
70℃일 때	3℃ 전후	0.5℃ ~ 1℃

(칼리타 동드립포트 0.7L 모델 기준)

[표 27] 드립포트 위치별 온도 편차

• 커피 추출에 관여하는 모든 기물에 대한 온도 관리

물붓기를 위한 물의 온도를 잘 측정하는 것만으로 완성도 높은 커피 추출이 보장되는 것은 아니다. 추출 전이나 추출 중에, 나아가 추출 후에 열과 관계하는 기물의 온도 유지에도 신경을 써야 한다. 드립퍼와 드립서버는 충분히 데워서 사용해야 하고, 추출된 커피를 담게 될 커피잔 역시 충분히 데워 두어야 한다. 추출자는 드립서버로 추출된 커피가 커피잔으로 완전히 옮겨지기까지 열의 보전을 위해 최선을 다할 필요가 있다. 아무리 훌륭한 생두, 최적의 로스팅, 완벽한 기술을 통해 완성된 커피라 할지라도 마지막 순간에 식은 상태로 제공된다면 훌륭한 만족도를 기대하기 힘들다.

• 온도계의 도움 없이 온도를 가늠할 수 있는 방법의 활용

온도계가 있다면 편리하겠지만, 온도계가 준비되지 않은 상황에서도 온도를 가늠할 수 있는 방법이 있으며, 매우 유용하다.

물을 팔팔 끓인 후 실온의 드립포트에 부으면 약 5℃ 가량 온도가 하락한다. 드립포트로 옮겼던 물을 드립서버로 옮겼다 다시 드립포트로 물을 회수하면 약 5℃ 전후의 온도가 추가로 내려간다. 이런 약식의 온도조절 과정을 거쳐 물붓기에 필요한 최적의 설정온도 88~92℃에 다가갈 수 있다.

조금 더 높은 온도를 원한다면, 처음 드립포트에 물을 붓기 전에 약간의 예비 물로 드립포트를 데워주면 된다. 이렇게 미리 드립포트의 온도를 높인 다음 그 물은 버리고 다시 끓는 물을 부으면 더 높은 온도를 얻을 수 있다. 드립서버를 다녀온 물이 여전히 높은 온도라면, 드립서버로 한 번 더 다녀오면 된다.

어디서든 활용할 수 있는 이 방법의 경험치를 숙지해둔다면 매우 유용한 온도관리 요령이 될 뿐만 아니라, 추출 기구들을 사전에 모두 데우는 일거양득의 효과도 얻을 수 있다.

커피와 온도와의 관계에 대한 실전 사례

1) 추출된 커피는 온도가 떨어질수록 더 많은 신맛이 난다?

김이 날 정도로 따끈하게 데워진 한약과 식은 상태의 한약을 마실 때 어느 쪽이 더 쓰거나 덜 쓰게 느껴질까? 보편적으로 한약은 데워서 복용하도록 권유하고 있는데, 냉장고에 넣어 10℃ 이하로 온도를 내린 다음 마셔 보면 쓴맛이 훨씬 덜해지면서 쓴맛으로 인한 거부감이 줄어드는 경험을 하게 된다. 일반적으로 혀는 낮은 온도에서 쓴맛을 덜 느낀다.

반면에 신맛이 많은 레모네이드는 따뜻할 때나 차가울 때나 모두 선명하게 산미를 느낀다. 이는 신맛에 대해서는 온도 변화가 혀의 감각에 미치는 영향은 적다는 것을 의미한다. 커피가 점점 식어감에 따라 신맛이 조금 더 두드러지게 느껴지는 것은 온도변화가 커피 성분에 미치는 영향에서 원인을 찾을 수 있다. 동시에 쓴맛에 대한 혀의 반응이 둔감해지므로 상대적으로 신맛을 더 두드러지게 느끼는 현상으로 해석할 수도 있다.

이론 파트에서 살펴보았듯이, 사람의 혀가 맛을 느끼는 체제에 대해서는 최근까지도 많은 연구가 진행되고 있고, 이러한 연구들로 인해 맛을 느끼는 감각에 대한 고전적인 지식 역시 새로운 사실들로 다시 채워지는 과정에 있다. 그러므로 기호식품인 커피의 맛을 인지하고 평가하는 데 있어서 보다 광범위한 가능성을 이해하려는 유연한 자세는 커피의 다양성을 즐기는 데 더 큰 만족감으로 작용할 것으로 생각한다.

2) 동일한 분쇄커피를 서로 다른 온도에서 추출했을 때의 맛 차이

온도를 제외한 다른 추출변수들을 동일하게 설정한 서로 다른 두 추출물을 비교해보자.

※ 추출 조건 : 콜롬비아, City 볶음 20g, 중간 분쇄도, 칼리타 드립퍼, 추출량 150ml, 추출 시작온도 93℃와 83℃ 등 온도 편차를 10℃로 설정한 2가지 경우를 동시에 추출

구분	상대적 고온 (93℃)	상대적 저온 (83℃)
느낌의 표현	심플(Simple) 얇은 화려함 혀를 스치는 느낌 즉흥적인 젊음 봄바람 바이올린 온도하락에 따라 산미 느낌 증가	감칠맛의 증가 두터운 중후함 혀에 감기는 느낌 깊이 있는 성숙함 가을의 낙엽 첼로 맛의 구심점이 느껴지는
경향	산뜻하고 화려한 커피에 유리	진하고 깊이 있는 커피에 유리
향미 Target	꽃향, 열대 과일향 등의 향미가 화려하고 밝고 산뜻한 커피	중후한 바디감과 카카오의 쓴맛이 느껴지는 깊이 있는 커피
경향을 더 살리는 변수와의 조합	약볶음, 굵은 분쇄정도, 하리오 드립퍼, 짧은 추출 시간	강볶음, 가는 분쇄정도, 고노 드립퍼, 긴 추출 시간

[표 28] 추출에 사용되는 물의 온도차가 추출물의 맛에 미치는 영향

10℃의 온도 편차는 전혀 다른 커피를 만들어낸다는 선입견을 가질 수 있으나, 실제로는 산지별 특성에 따라 그 차이가 의외로 적게 나타날 수도 있다. 온도에 따른 변수보다는 산지 고유의 맛, 로스팅 정도의 변수가 커피의 맛을 결정하는 데는 훨씬 더 큰 변수로 작용하기 때문이다. 즉, 태생부터 산미가 적은 산지의 커피를 City 이상* 볶아서 추출할 때, 추출을 시작하는 온도를 높인다고 해서 산미가 온도 상승 정도에 따라 비례적으로 증가하지는 않는다.

3) 핸드드립식 커피를 가장 맛있게 느끼는 첫 모금의 온도는?

온도에 대한 인식을 각자 확인할 수 있는 사례로 사우나를 들 수 있다. 사우나를 방문하였을 때, 그 사우나에서 가장 뜨거운 물을 담고 있는 탕의 온도는 과연 몇 도일까? 42℃, 43℃를 넘어가면 사람은 거의 들어가지 못한다. 항온 동물에 속하는 사람은 비교적 작은 온도 변화에도 견디기 어려운 피부를 가지고 있다. 그러나, 이보다 훨씬 뜨거운 수준의 온도에도 충분히 견디는 부위가 있는데, 바로 구강이다. 보글보글 끓는 된장찌개를 숟가락으로 떠서 두어 번 입김을 분 뒤에 바로 맛을 볼 수 있을 정도로 구강은 뜨거운 온도에 잘 견디는 구조를 가지고 있다.

핸드드립식 커피의 경우, 과연 몇 도에서 첫 모금을 가장 행복하게 느낄 것인가? 여기에 대해서는 다소 편차가 있겠으나, 일반적으로는 60~65℃라고 알려져 있다. 일관된 프로세스를 통해 정상적으로 추출할 경우, 60~65℃는 약 90℃ 전후에서 물붓기를 시작하면 별도의 가열 과정 없이도 충분히 맞출 수 있는 온도이다. 추출을 끝냈을 때 측정한 온도가 이보다 낮다는 것은 온도관리가 재대로 되지 않았다는 것을 의미한다.

첫 모금의 행복한 온도는 연령이 높아갈수록 조금씩 더 올라가며, 중장년층은 남성에 비해 여성이 조금 더 높은 온도를 선호하는 경우가 많다.

---

* City 볶음도 미만으로 로스팅 하였을 경우 모든 커피는 두드러진 신맛을 가진다. 이 경우 산지 특유의 향미가 본격적으로 채 발현되기 전에 두드러진 신맛으로 인해 상당 부분이 묻히는 경우도 많이 발생한다. 해당 산지의 맛이 적극적이고 더욱 차별적으로 (경향성 있게) 표현되는 City 이상의 볶음도를 가진 커피를 통해 비교하는 것이 바람직하다.

8) 뜸들이기(Wetting)

분쇄커피에 물이 최초로 공급되면 함수율이 낮은 분쇄커피들이 물과 만나 자신의 공동으로 물을 끌어들인다. 이어서 커피성분을 내놓아 용해시킨 후 다시 액체 속에서의 확산을 통해 추출이 진행된다. 앞의 이론 파트를 통해 우리는 이런 일련의 추출과정을 확인하였다.

만일 본격적인 추출을 위해 1회의 물붓기에 해당하는 물을 뜸들이기 과정 없이 바로 진행하면 어떻게 될까? 분쇄커피 층을 통과하는 짧은 시간동안 미처 커피성분을 받아들이지 못한 물이 성급하게 드립퍼를 빠져나오게 될 것이다. 이런 불상사를 방지하면서 분쇄커피입자들이 자신의 커피성분을 효율적으로 내놓을 수 있는 최적의 환경을 만들어주는 사전작업이 바로 뜸들이기 과정이다.

뜸들이기는 매우 치밀하게 진행할 필요가 있다. 뜸들이기에 너무 적은 물을 사용하면 수분이 채 닿지 못하는 커피가 생길 수 있고, 너무 많은 물이 공급되면 뜸들이기를 초과하여 불완전한 추출이 미리 시작되는 상황에 봉착하게 된다.

칼리타 드립퍼는 내부에 골고루 물이 공급되는 상황을 모니터링 하기에 적합한 드립퍼이다. 정상적으로 뜸들이기가 진행되었을 때, 아래와 같은 현상을 시각적으로 확인할 수 있다.

① 칼리타 드립퍼의 세 구멍으로부터 물방울이 각각 떨어지되, 시간의 편차 없이 동시에 골고루 떨어지기 시작했다면 뜸들이기가 성공적으로 잘 진행된 것으로 간주할 수 있다. 드립퍼 내부에서 물이 어느 한 부분으로 치우치지 않고 올바르게 분포되어 뜸들이기가 진행되고 있다는 것이다.

뜸들이기가 올바르게 진행되었다면, 본격적인 물붓기가 시작되었을 때 이 그림에서처럼 세 개의 구멍으로부터 치우침 없이 일관된 물빠짐이 일어나는 광경을 확인할 수 있다.

[그림 94] 드립퍼의 각 구멍으로부터 원활히 추출되는 모습

핸드드립식 커피 추출에서 어떤 사람들은 드립퍼 내에 물길이 형성되는 부작용에 대해 가볍게 생각하는 경향이 있다. 물길이 형성되는 것은 그릇된 뜸들이기 과정에서부터 시작된다. 칼리타 드립퍼로 추출할 때, 잘못된 뜸들이기로 말미암아 세 개의 구멍 중 양쪽 두 개에서 물방울이 몇 방울* 떨어지게 되었다면, 이후의 본격적인 물붓기 과정을 거쳐 추출이 종료되는 시점까지 가운데 구멍으로는 물방울이 떨어지지 않을 가능성이 대단히 높아진다. 뜸들이기 과정은 이상적인 추출수율의 균형을 추구하기 위한 매우 중요한 단계라 하겠다.

② 뜸들이기가 진행된 드립퍼를 위에서 내려다 보면 분쇄커피의 가장자리로 여과지가 젖어 들어가는 모습이 관찰된다. 이때 점차 젖어들어가는 정도가 일정하여 드립퍼 상부로 젖은 면이 원형을 이루며 올라간다면, 바람직한 뜸들이기가 진행되었다고 본다.

[그림 95] 뜸들이기 과정의 분쇄커피의 표면과 여과지 모습

---

* 뜸들이기 과정에서 드립퍼 아래로 과연 몇 방울의 커피가 떨어지는 것이 가장 이상적인가에 대해서는 명쾌한 정답이 없다. 물이 과하게 흐르지 않을 정도여야 한다는 것이 일반적인 정설이다. 다만 너무 적은 양의 물이 투입되어 물에 닿지 않은 상태로 분쇄커피가 남게 되는 상황은 더 바람직하지 않은 뜸들이기 방법이므로 피해야 할 것이다.

③ 분쇄커피가 가운데를 중심으로 공모양으로 고르게 부풀어 올랐다면, 커피량의 분포도에 따라 방사형으로 고르게 물이 공급되었다는 것을 의미한다. 로스팅 후 얼마 지나지 않은 커피는 뜸들이기 과정 중 거품이 과도하게 올라오게 되는데, 당황하지 말고 물줄기 궤적이 거품 위를 지날 때 주전자의 높이를 일시적으로 조금 더 높여줌으로써 거품에 대응할 수 있다.

[그림 96] 물붓기 모습

• 로스팅 정도에 따른 뜸들이기 물 양과 횟수 조절

강한 볶음도로 로스팅이 진행될수록 원두 내의 공동은 더욱 커지는데, 이는 물을 받아들이는 조직 내부의 표면적이 커짐을 의미한다. 따라서 동일한 20g의 분쇄커피를 사용하더라도 볶음도가 서로 다른 두 가지 커피를 뜸들이기 하는데 적합한 물 양은 서로 다르다. 즉, 공동이 넓은 강한 볶음도의 커피를 뜸들이기 할 경우에는 상대적으로 더 많은 물이 필요하다.

뜸들이기 시간을 약한 볶음도의 커피와 동일하게 30초로 잡고, 상대적으로 많은 양의 물을 한 번에 투입하면 볶음도 차이로 발생하는 모든 문제를 해결할 수 있을까? 이 경우, 추천할 수 있는 방법은 강한 볶음도의 커피 뜸들이기는 10~15초 간격으로 2~3회 나누어 진행하는 것이다. 강한 볶음으로 인해 공동이 넓어진 커피입자는 물을 받아들이는 속도가 빠르며, 넓은 표면적을 통해 보다 짧은 시간에 커피성분을 내놓기 시작한다. 이때 추가적인 뜸들이기 물을 공급하는 것은 1차로 투입한 물이 이미 공동으로 빨려 들어가면서 순간적으로 부족해진 물을 보충하는 의미와, 1차로 투입한 물이 유효성분의 포화상태를 넘어서 잡미까지 받아들이기 전에 미리 농도를 떨어뜨릴 보완의 의미가 함께 작용한다.

실제로 강한 볶음 케냐의 경우, 1회 물 투입으로 30초 뜸들이기를 진행한 것과 15초 간격으로 2회 뜸들이기를 실시한 것은 맛과 향이 면에서 사뭇 다른데, 긍정적인 향미 표현력에 있어서 후자 쪽이 우월하다는 사실을 쉽게 알 수 있다.

반대로 약하게 볶은 커피의 경우에는 강볶음에 비해 공동의 표면적이 상대적으로 좁으므로 물이 조직 내부로 스며드는 시간이 길어진다. 따라서 뜸들이기를 통해 물과 만나는 시간을 40초 정도로 더 길게 잡고, 2~3회로 나누어 소량의 물을 주는 방식으로 진행하는 방법이 유용할 때가 있다.

여기서 뜸들이기를 위한 물주기 횟수, 즉 1회로 끝내느냐, 2~3회로 나누어 하느냐를 두고 우열을 가리기에 앞서, 뜸들이기의 원리에 대한 이해를 기반으로 각 커피의 특징이나 분쇄도, 추구하는 맛에 따라 유연하게 대처하자. 최적의 뜸들이기는 절대적인 하나의 공식이 아니라 커피가 하는 말에 귀를 기울이는 자세로부터 시작된다 하겠다.

• 커피량이 늘어날 경우에 따른 뜸들이기 방법

3~4인용보다 더 큰 용량의 드립퍼를 사용하여 추출하는 경우, 즉 더 많은 분쇄커피를 대상으로 뜸들이기를 진행해야 하므로 각각의 커피입자에 할당되는 물 양의 편차를 줄이는 일이 더욱 어려워진다. 뜸들이기 대상인 커피량이 많으므로, 그 시간 역시 정상적인 범위를 넘지 않는 선에서 조금 더 길어질 수 있다. 이 경우에도 횟수를 나누어 뜸들이기를 진행하는 것이 유리하다.

• 뜸들이기 시간

30초 내외를 뜸들이기 시간으로 가늠하고 있다. 그러나 이 역시 커피의 종류나, 양, 의도에 따라 유연하게 대처 함으로써 더 품위있는 커피를 얻을 수 있다.

먼저 분쇄도에 따른 뜸들이기 시간을 생각해보자. 동일한 분량의 분쇄커피라 할지라도 더 가는 입자로 분쇄된 커피는 뜸들이기 시작 후 20초를 지나는 시점에서 벌써 잡미가 추출될 수 있다. 따라서 진한 커피를 위해 더 가는 분쇄도의 커피를 준비하였다면, 반드시 30초를 넘기는 뜸들이기를 그대로 받아들일 필요는 없다. 반대로 굵게 분쇄된 커피는 내부에까지 물이 진입하는 시간이 상대적으로 더 많이 소요되므로 30초 이상의 시간을 주는 것이 유리할 수 있다.

이번에는 볶음도의 차이에 따른 뜸들이기 시간을 생각해보자. 동일한 분량, 동일한 분쇄도의 커피라도 볶음도가 낮으면 물을 받아들이는 속도가 상대적으로 느리므로 뜸들이기 시간을 조금 더 부여하는 것이 원활한 추출에 도움이 된다. 실제로 약한 볶음 커피의 경우 뜸들이기 시간을 5~10초가량 더 진행해 보는것도 좋은 시도가 된다.

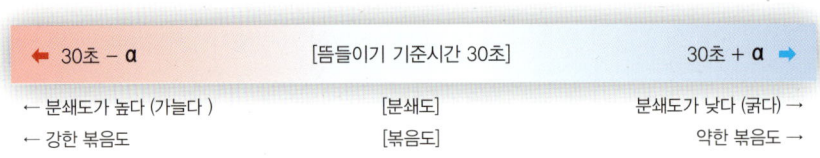

[표 29] 분쇄도와 볶음도의 차이에 따른 뜸들이기 시간 조절

9) 추출

지금까지 우리는 핸드드립식 커피 추출을 위한 퍼즐을 맞춰왔다. 이제 그 마지막 퍼즐인 추출 단계에 이르렀다. 앞의 드립포트 단원에서 이미 추출실무와 관련한 많은 요소들을 거론되었고, 그 원리와 스킬에 대해서도 살펴보았다.

이제 핸드드립커피 추출과정의 최종 관문이자 정점이 되는 추출의 진행과 유의점을 확인해보자.

• 물붓기 회차별로 투입하는 물 양의 안배

추출 변수의 이해 단원에서, '선형적 추출'과 '비선형적 추출'을 살펴보았다. 선형적 추출은 물붓기를 시작하는 시점부터 마칠 때까지 물줄기를 끊지 않고 이어서 진행하는 방식이다. 이 경우, 물붓기 회차는 무의미하며 부드럽고 여성적인 경향의 맛을 얻을 수 있었다.

반면, 비선형적 추출은 뜸들이기 과정 이후 여러 회차를 통해 단속적으로 추출을 진행하는 방식으로서, 여기에는 회차별로 적절한 사전 계획을 수립해 놓을 필요가 있다. 그 이유는 여러 가지 현상에서 찾을 수 있겠으나, 본격적인 추출이 시작된 이후 시간의 흐름에 따라 추출되는 성분이 다름으로 인해서 발생하는 맛의 변화가 가장 주된 요소라 하겠다.

핸드드립 커피 추출과정을 분석하기 위하여 세 개의 드립서버를 준비하자. 그리고 추출시간을 세 부분으로 나누어 보자. 뜸들이기 직후부터 약 70ml의 커피가 추출되는 첫 1분 구간을 '추출 초기', 드립서버를 바꾼 상태에서 70ml 내외가 추출되는 다음 1분 구간을 '중기', 다시 드립서버를 교체하고서 70ml가 추출되는 마지막 1분을 '후기'로 구분하면 아래와 같은 그림으로 표시 될 수 있다.

여기에서 추출된 총 210ml의 커피는 3개의 서로 다른 드립서버에 각각 70ml씩 담겨져 있다. 각각의 드립서버에 담긴 커피의 맛은 다음과 같은 경향을 띤다.

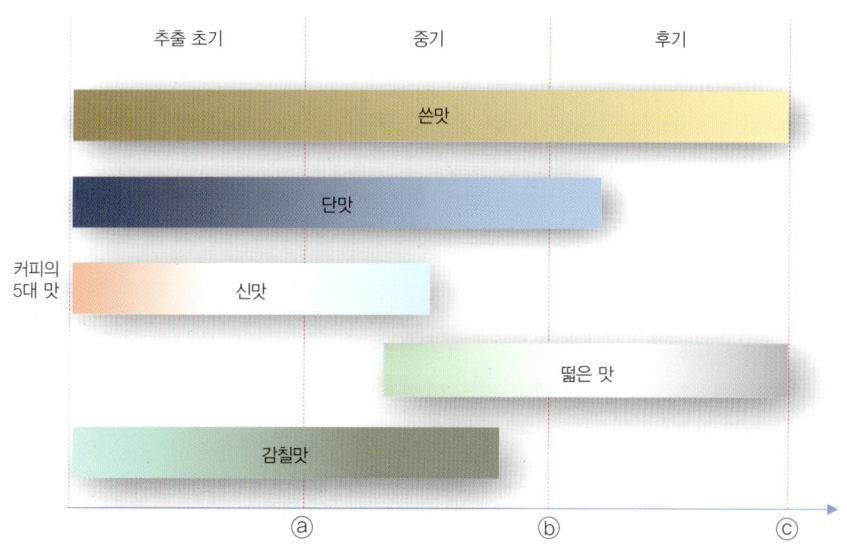

※ 추출조건 : 콜롬비아, City 볶음도, 중간 굵기 분쇄, 칼리타 드립퍼, 최초 물붓기 온도 90℃, 뜸들이기 후 추출시간 3분

[표 30] 추출 진행 시기별 커피 맛의 특징과 변화 추이

추출 초기에는 다양한 맛들이 경쟁적으로 발현된다. 쓴맛은 추출이 진행되는 동안 거의 전 영역에 걸쳐 추출되지만, 신맛은 추출 전반부에 상대적으로 많이 추출되는 양상을 보인다. 후반부로 갈수록 추출물의 농도가 눈에 띄게 묽어지는 현상도 관찰된다. 이 때 추출되는 커피의 맛은 전체적으로 매우 단조로우며, 물을 탄 듯한 쓴맛과 희미한 떫은 맛 정도의 향미 성분이 주를 이룬다.

우리는 ⓑ시점까지의 추출을 끝으로 과정을 종료한 후 얻어진 커피를 즐길 수도 있을 것이며, 심지어 ⓐ시점까지의 추출로 소량의 진한 커피를 취향으로 삼을 수도 있다. 이 역시 기호식품인 커피가 주는 다양성을 기반으로 한 선물이며, 핸드드립식 추출법 최대의 매력이기도 하다. ⓐ시점까지의 맛을 원하되 양을 더 많이 얻고자 한다면, 커피량을 늘이고 늘어난 커피량에 따라 기타 변수들을 적절히 조절함으로써 만족할만한 양의 커피를 취향대로 얻을 수 있다. 여기에 다양한 산지와 로스팅 정도의 변수마저 곱해지면, 변화무쌍한 핸드드립식 추출 커피의 무궁무진한 세계에 평생 빠져들게 되는 것이다.

한편, 일반적으로 추출 시간을 3분 전후로 두고 후기에 추출되는 성분마저 받아들이고 있는 이유에 대해서는 교향곡을 연주하는 오케스트라의 구성에 빗대볼 수 있다. 완전한 한 잔의 커피는 오케스트라와 같아서, 바이올린도 필요하지만 바순이나 오보에, 팀파니도 교향곡을 연주하는 데는 꼭 필요한 이유와 같다. 다양한 맛들이 자신의 위치를 지키며 제각기 적절한 정도의 맛을 발산하고, 이러한 맛들이 최적으로 어우러졌을 때 균형 잡힌 커피라 할 수 있을 것이다.

물론 바이올린 소리를 더욱 또렷이 듣기 위해 바이올린 소나타를 선택하거나, 더블 베이스의 소리가 좋아 아예 재즈 트리오로 넘어가는 것 역시 개인의 취향이자 자유다.

---

* 이 실험과 경험은 가정에서도 쉽게 해볼 수 있다. 이를 통하여 각 추출과정과 단계별로 커피의 향미가 어떻게 달라지는지 알아보면 매우 흥미롭고 유익한 경험이 된다.

• **물붓기 시 드립포트의 높이(물줄기의 길이)**

　이론에 충실하자면, 드립포트의 물붓기 궤적은 지면과 나란한 면, 즉 수평면에서 이루어져야 한다. 그래야 추출자와 가까운 지점의 물줄기 길이와 먼 곳의 물줄기 길이가 같아져서 드립퍼 내부에 일어나는 혼란을 최소화할 수 있다.

　그런데, 물붓기 회차가 진행될수록 드립포트의 높이를 조금씩 낮춰가는 방법, 즉 단계적으로 분쇄 커피가 담겨 있는 드립퍼의 수평면과 가까운 위치로 내려가며 물붓기를 진행하는 방법은 충분한 설득력을 지닌다. 1회차 물붓기는 아래 그림의 ⓐ높이에서, 2회차 물붓기는 ⓑ높이에서 진행하고, 3회차는 물붓기는 커피면에서 아주 가까운 ⓒ높이에서 이루어지도록 드립포트의 높이를 낮추어 가는 방법이다.

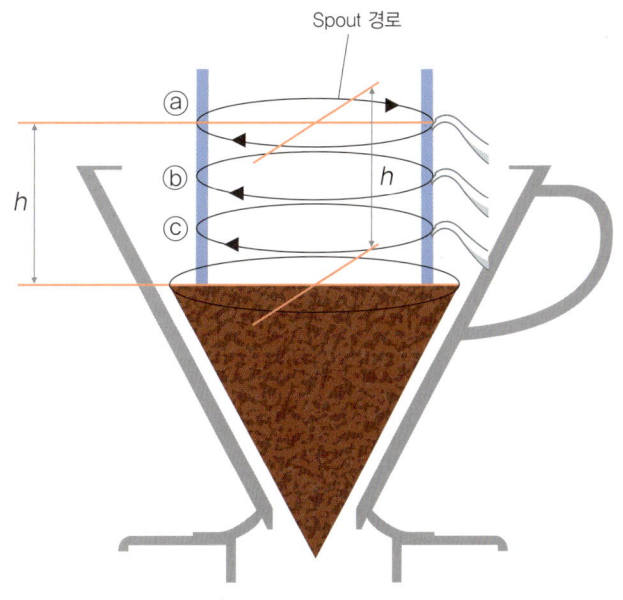

[그림 97] 물붓기 회차별 드립포트 높이 조절 방법

　물붓기 회차가 진행될수록 앞서 언급된 다양하고 복합적인 원인들로 인해 유속이 차츰 느려지고, 이미 추출수율이 높아져 있는 상단부의 경우 소량의 물에 의해서도 커피입자가 유동되는 상황을 발견할 수 있다. 특히, 추출 목표량이 많은 3~5인 분량 이상의 커피를 추출하기 위해 더 많은 커피량을 사용하여 한꺼번에 추출을 시도할 때 이런 현상 발생의 빈도가 높다.

여기서 추출자는 한 가지 의도를 생각할 수 있다. 상단부 커피입자의 불필요한 유동을 막고, 새로 투입되는 새 물 역시 커피 성분을 최대한 받아들일 수 있도록 시간을 더 부여하자면, 후반부의 물줄기를 커피 면에 가까운 상부에 얹힐 수 있도록 주전자의 높이를 낮추고, 오로지 중력에 의해서 순차적으로 물이 빠져 내려가도록 유도하는 것이다.

물이 물을 밀어내는 원리를 항시 염두에 두고, 중력의 힘에 의지하는 현명한 선택이 되는 Skill이다.

• **가장자리**(언저리) **10mm 남기기**

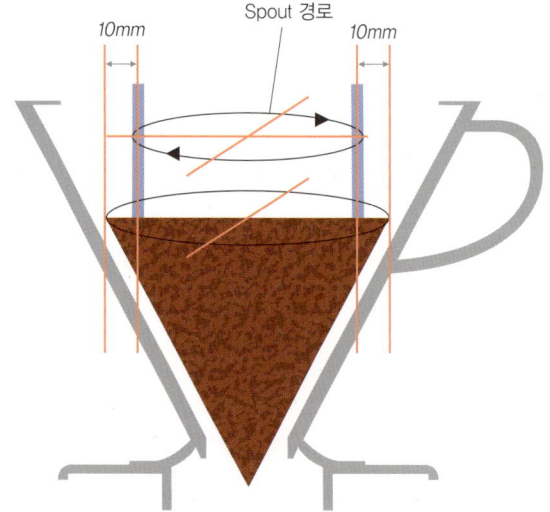

[그림 98] 가장자리 10mm 남기기

추출 종료 후 모습

[그림 99] 가장자리 10mm 남기고 물붓기하여 추출을 종료한 후의 모습

분쇄커피 표면에 도달한 물은 스스로 수평을 맞추려는 성질을 가지고 있다. 그래서 중심부에 물을 내려놓아도 이 물이 다른 물을 밀어서 드립퍼 가장자리의 벽까지 퍼지면서 차오르게 된다. 이런 현상은 물붓기 횟수가 거듭될수록 더욱 명확하게 관찰된다.

따라서, 곧 드립퍼의 맨 가장자리, 즉 드립퍼 벽면으로부터 10mm* 안쪽까지만 물줄기를 돌려도 충분하다. 커피층이 얕은 가장자리에 필요 이상의 물이 주어지면 커피를 충분히 거치지 않은 물이 여과지를 넘어 드립퍼의 리브를 타고 흘러내려 오히려 불완전한 추출이 일어날 수 있다.

가장자리 쪽의 커피가 아깝다고 생각할 수도 있지만, 그 양은 전체 커피량에 비해 극히 적을 뿐만 아니라, 중앙으로부터 밀려나간 물에 의해 적절한 추출이 진행되는 상태라 할 수 있다.

• **가장자리 세로 변동폭 유의**

아래 그림은 뜸들이기 후 1회차 물붓기의 물 양을 과다하게 설정한 경우이다. 부력이 작용한 분쇄커피와 휘발성분이 만든 거품층 ⓑ가 분쇄커피의 최초 표면 ⓐ보다 너무 많이 상승한 모습을 보여준다.

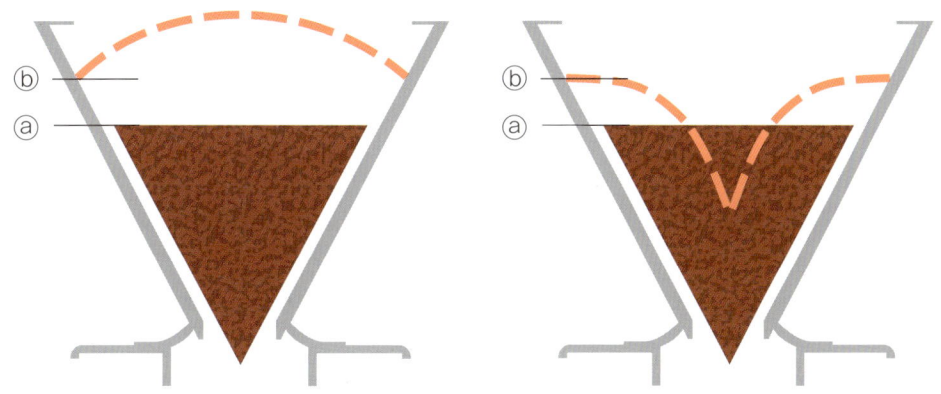

[그림 100] 과다한 양의 물로써 물붓기가 진행되었을 때의 가장자리 세로 변동폭과 물 빠짐

---

* 어떠한 상황에서나 10mm를 반드시 고수할 필요는 없다. 커피량이 많아져 1회 물붓기로 투입되는 물의 양도 많아져야 할 때에는 10mm보다 조금 더 띄워서 물붓기를 해도 된다.

1회 투입된 물 양이 많을수록 더 큰 중력이 작용한다. 그와 동시에 부력에 의해 높아진 수위만큼 커피입자 간의 거리도 넓어져 유속도 빨라진다. 그러면 앞의 오른쪽 그림과 같이 분쇄커피 중심부가 소용돌이 모습으로 꺼지는 현상이 발생하게 되고, 이 상황속에서 추출자는 어느 지점부터 다음 물붓기를 시작해야 할지 몰라 당황하게 된다.

이러한 일련의 현상이 일어나지 않도록 하려면, 회차 별 투입하는 물 양을 적절하게 안배함과 동시에 차회 물붓기도 적시에 이루어져야 한다. 다음 그림을 통하여 적절한 양의 물붓기 타이밍에 대해 가늠해 보자.

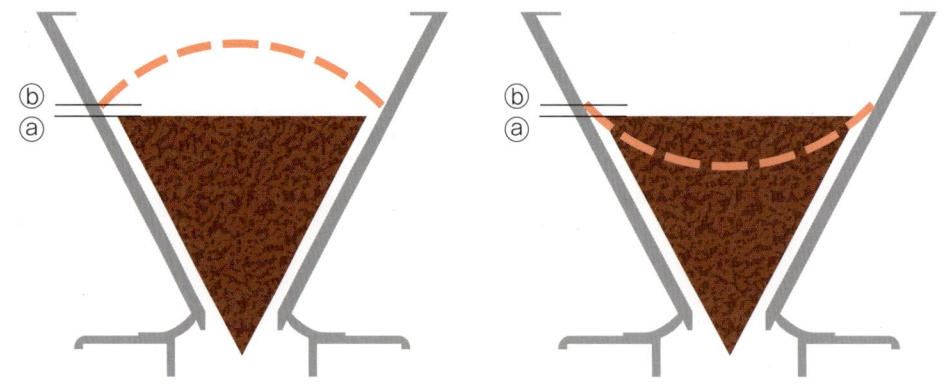

[그림 101] 물조절이 적절한 경우의 가장자리 변동 예시

위 그림에서처럼 1회차 물붓기의 물 양과 물줄기를 조절하여 드립퍼 측면의 수위가 과도하게 올라가지 않는 범위 내에서 물줄기를 끊고, 우측 그림과 같이 분화구 모습의 중심부가 아래로 쳐지는 정도를 확인하여 차회 물붓기를 진행하자. 차회 물붓기 역시 좌측 그림의 부풀어 오르는 범위를 벗어나지 않는 범위 내에서 물줄기를 끊고, 이러한 과정을 반복하여 추출을 마무리한다면 진행 과정에서도 자신감을 가질 수 있으며, 결과물 역시 만족스러울 것이다.

• 시선은 표면 물 닿는 곳 20mm 전방

물붓기를 진행할 때는 매 순간에 대한 모니터링이 선행되어야 한다. 어느 곳에 물이 더 필요하고 덜 필요한지, 시시각각 판단하여 물줄기로 보완하면서 대응한다면 더욱 완성도 높은 결과물을 얻을 수 있을 것이다.

테니스와 같은 구기종목에서는 공으로부터 시선을 떨어뜨리지 않는 것이 매우 중요하다. 핸드드립식 커피 추출의 경우에도 집중력이 요구된다. 핸드드립은 물줄기를 일정한 굵기로 유지시키면서 동시에 정해진 간격의 패턴을 그리며 돌려야 하는 고난도 작업이다. 따라서 물붓기가 마무리되는 순간까지 드립퍼 내부의 사정에 주목하면서 물붓기를 해나가야 한다.

핸드드립을 하다보면, 자신도 모르게 추출과 무관한 상념에 빠질 때가 있다. 이럴 경우에는 여지없이 물줄기가 흐트러지게 되고, 결과도 좋지 못하다.

• 표면이 갈라지기 전에 차회 물붓기

앞서 물붓기한 물의 상당량이 드립퍼를 떠나고 시간이 경과하면 커피 표면에 균열이 생긴다. 이 현상은 곧 차회 물붓기의 타이밍이 지나가고 있음을 의미한다. 물공급이 부족하면 해당 부분에서 과다 추출이 일어나고 결국 잡미의 발현으로 이어진다. 따라서 물붓기 중에는 물줄기를 어디에 놓아야 할지에 대해 집중하고, 물줄기를 끊고 대기할 때에는 차회 물붓기의 타이밍을 가늠하는 데 집중해야 한다. 추출자의 마음가짐과 자세에서부터 그 결과가 결정된다고 해도 과언이 아니다.

• 추출이 완료된 커피는 골고루 섞어서 서비스

물에 만년필 잉크를 몇 방울 떨어뜨리면 물과 만나는 즉시 완벽히 물과 섞이는 것이 아니라, 시간을 두고 서서히 확산되는 모습을 확인할 수 있다. 커피 역시 추출 초기, 중기, 후기에 추출된 결과물은 서로 다른 성분, 서로 다른 농도의 추출물 상태로 미처 섞이지 못한 채 드립서버에 모여있게 된다.

따라서, 소량일 경우 드립서버를 잘 흔들어 주면 된다. 양이 많을 경우에는 충분히 데운 청결한 스푼을 넣고 저어서 잘 섞이도록 한다.

잔에 따른 커피의 표면에 뜨는 거품은 걷어내는 것이 유리한가?

논란이 많은 부분이다. 두 가지의 논리적 근거를 바탕으로 볼 때, 커피 표면에 생기는 거품은 걷어내는 것이 유리하다는 것이 필자의 생각이다.

추출을 마치고 드립서버의 커피를 커피 잔에 모두 따르고 나면, 여전히 높은 열을 품고 있는 빈 드립서버 내부는 잔여 수분을 빠르게 증발시키며 마르게 된다. 이 때 드립서버의 안쪽 유리면에는 수분을 빼앗긴 커피성분만 남게 되는데, 이 커피성분의 냄새는 무척 흥미롭다. 향기로운 커피향이 아니라 아주 역한 냄새가 나기 때문이다. 그것은 한 잔의 커피를 모두 마신 뒤 커피 잔 내부가 말랐을 때 나는 냄새와 같다.

이 냄새의 발산을 막기 위해서 필자는 커피를 따르고 난 직후 드립포트에 남아있는 여분의 물을 드립서버에 부어준다. 이렇게 하면 마른 커피성분에서 나는 역한 냄새의 발산을 방지함과 동시에 서버의 청소와 관리를 더욱 용이하게 하기 위한 방편이 된다.

커피 표면의 거품이 유지되는 이유는 액체의 표면장력이 작용하고 있기 때문이다. 중력과 응집력에 의해 수분이 거품 아래 방향으로 서서히 이동하고, 열을 품은 거품의 수분이 대기 중으로 증발하면서 표면장력의 균형이 깨어지는 순간 거품은 터지게 된다.

이 때, 거품 내부에 존재하던 냄새가 공기 중으로 퍼지게 되는데, 이 냄새 역시 위에서 언급한 '말라버린 커피성분'에서 풍기는 냄새와 매우 유사하다. 거품은 주로 커피 잔의 가장자리에 주로 위치하고, 시간이 지나면서 거품이 모두 터진 가장자리에서는 유쾌하지 못한 향이 올라온다. 이것이 거품은 미리 걷어내는 것이 바람직하다고 보는 첫 번째 이유이다.

두 번째 이유는, 거품을 걷어 내었을 때 매끈하고 고요한 커피 수면이 커피 잔과 만나는 아름다운 가장자리 선이 드러나기 때문이다. 그것은 시각적으로 짧은 그라데이션(Gradation) 구간을 이루는데, 커피 잔을 심도 얕게 촬영할 때 초점으로 이용하기에 매우 적합한 포인트가 된다. 커피와 커피잔이 아무런 거품 없이 '엣지(Edge)' 있게 만나는 그 완만한 곡선은 매우 아름답다.

핸드드립 실전파트를 마치며

학창시절, 지인이 중고차를 마련하여 운전을 시작하는데 필자가 조수석에 앉아 도로연수를 시켜준 적이 있었다. 좌우 회전을 시도할 때 미리 깜박이를 켜주는 것에서부터, 기어변속을 적절히 하기 위해 속도별 클러치와 가속패달을 밟는 시기를 알려 준다든지 하는 운전의 기본기와 실무적인 절차가 익숙해질 때까지 며칠이고 동행했다. 그런데, 그 당시 필자는 운전면허조차 없었던 상황이었다. 대신 이론은 머릿속에 잘 체계화되어 있었고, 그것이 큰 도움이 되었다.

지금까지 핸드드립식 커피 추출법에 대한 이론파트에 이어 실전파트에 대해 살펴보았다. 이 시점에서 이론이 중요한 것인가, 실전이 중요한 것인가에 대해서 더 중요한 요소를 꼽으라고 하면 '실전'이라 생각한다. 이론을 잘 몰라도 전문적인 추출자의 모습을 그대로 따라하는 것만으로도 (완성도를 떠나서) 한 잔의 커피는 만들어질 수 있기 때문이다. 실제로 우리는 이렇게 판매되는 경우도 종종 만나게 된다.

그럼에도 불구하고 이 책에서는 이론을 심도 있게 다룸으로써 그에 대한 관심을 촉구하고자 했다. 실전에서 종종 부딪히게 되는 한계상황이나 돌발상황에 직면하게 될 때, 상황을 지혜롭게 극복하고 응용력을 발휘할 수 있는 최상의 무기가 바로 명확한 이론이기 때문이다.

핸드드립을 생활화하다보면, 어느 시점에서 더욱 다양한 커피, 새로운 맛을 추구하고자 하는 욕구가 생겨나기 마련이다. 그럴 때 이론과 실전의 다양한 요소들을 융합하여 나름의 실험과 모험을 거듭한다면, 더욱 즐겁고 유쾌한 커피생활을 이어나갈 수 있을 것이다.

우리가 가장 경계해야 할 점은 실전은 모르면서 기계나 기구의 각종 제원과 매뉴얼 내용을 줄줄 외우는 것을 실력의 전부라고 생각하는 태도이다. 그와 같은 선상에서, 익숙하지 않다는 이유로 적용되는 이론을 무시하고 이미 습관화된 실전의 방식만을 옹호하는 태도도 바람직한 것은 아니다.

핸드드립식 커피 추출법에 대한 이론과 실전파트를 마쳤다. 한 잔의 커피는 순식간에 만들어지기도 한다. 그러나, 반복되는 일상에 만족하지 않고 커피의 원리와 실전지식을 토대로 다양한 시도와 도전을 해보자. 커피로써 행복해지는 순간을 틀림없이 경험하게 될 것이다.

제5장

핸드드립식 추출법의 확장

핸드드립식 추출 체제를 응용하여 고안된
추출 방식을 알아봄으로써 핸드드립 커피를
더 넓은 영역에서 즐겨보자.

1. 아이스 핸드드립 (Iced Hand Drip)

　핸드드립커피를 차갑게 즐길 수 있는 방식의 추출법이다. 산지별로 구별되는 특징적인 맛을 차게 즐길 수 있으며, 시중에서 판매되는 아이스 아메리카노와는 근원적으로 차별화되는 커피라 하겠다.

　아이스 핸드드립은 추출과정에서부터 얼음과 만나게 된다. 추출이 마무리된 뜨거운 커피가 드립퍼를 벗어나자마자 이를 최단시간 내에 차갑게 식힘과 동시에, 커피가 지니고 있는 향미는 최대한 보존해야 하는 것이 숙제이다. 이는 아이스 핸드드립 기구가 설계되는 핵심 기술이 적용되는 부분이기도 하다. 아킬레스건에 비유될 만큼 피할 수 없는 약점이라면 얼음이 녹아 커피를 희석시킨다는 점이며, 그 속도도 제법 빠르다는 것이 모든 아이스 음료 제조의 제약조건이다.

　따라서 비교적 많은 커피량을 사용하고, 추출시간을 줄이기 위해 물줄기 조절도 다이나믹하게 진행하는 것이 맛 측면에서 유리하다.

[그림 102] 다양한 형태의 아이스 드립기구

간편하게는 드립서버에 미리 적당량의 얼음을 넣어 두고, 핸드드립식 커피 추출을 통해 바로 추출을 진행한 뒤, 그대로 아이스잔에 부어 서비스하기도 한다. 여기에서는 커피기물 전문 제조사에서 출시하고 있는 아이스 핸드드립 전용 기구의 구조를 살펴봄으로써 아이스 핸드드립의 원리를 역으로 살펴보기로 한다. 이를 통해 최적의 추출을 위한 실무적인 추출법을 확인하도록 하자.

1) 얼음의 역할

추출을 논하기에 앞서, 아이스 핸드드립에 있어서 얼음의 역할을 정의하고 명확히 이해할 필요가 있다. 얼음은 아래의 두 가지 역할을 담당한다.

- 추출되는 커피의 높은 온도를 낮추는 냉각제
- 낮아진 온도를 지속적으로 낮게 유지시켜주는 보냉제

드립서버에 미리 얼음을 넣어두고 커피를 바로 추출한 뒤 간편하게 서비스되는 아이스 핸드드립 커피는 위 두 가지 얼음의 역할을 편의상 하나의 얼음이 겸하도록 하는 방식이다. 이에 반해 아이스 핸드드립 전용 기구는 두 가지 역할을 명확히 구분하여 얼음을 따로 사용한다. 그런 점에서 더욱 완성도 높고 전문화된 방식이라 하겠다.

① 추출되는 커피의 높은 온도를 낮추는 냉각제 역할

아이스 핸드드립 커피 추출에 있어서 추출자가 가장 신경 써서 관리해야 하는 부분은, 추출된 커피의 온도를 최단 시간 내에 떨어뜨려 차갑게 만들어야 하는 동시에, 농도와 향미 손실을 최소화해야 하는 문제다. 농도와 향미 손실이 커지면 이미 커피로서의 가치를 잃어버릴 수 있기 때문이다.

커피 온도 강하 방식은 크게 두 가지 형식으로 구분할 수 있으며, 이를 응용하거나 결합한 형태의 제품들이 다양하게 출시되고 있다.

[그림 103] 아이스 드립 기구

좌측 하리오社의 제품은 추출을 마친 커피가 드립퍼를 떠나 바로 아래에 위치한 디퓨져에 일시적으로 모이도록 장치해두고 있다. 이 때 디퓨져는 하부 얼음층에 커피가 골고루 떨어질 수 있도록 하는 역할을 한다. 커피가 디퓨져를 떠나면 얼음층을 타고 흘러내리며 냉각이 되는 형식으로, 바닥에 다다를 즈음에는 이미 충분히 식혀지도록 아이스 챔버의 높이가 설계되어 있다.

우측의 칼리타社의 제품은 얼음에 의해 커피가 냉각되는 아이스 바스켓과 식혀진 커피만 최종적으로 따로 모이게 되는 드립서버로 완전히 구분되어 있는 구조다. 아이스 바스켓은 면밀하게 설계되어 있어서, 커피 온도를 최대한으로 낮춤과 동시에 더 이상 얼음과 만남으로 인해 묽어지는 것을 방지하는 최소한의 시간 타이밍에 맞춰 아래의 드립서버로 빠져 내려가도록 장치되어 있다.

이 두 회사의 모델은 이어지는 추출 실무와 함께 보다 자세하게 살펴볼 수 있도록 하자.

② 낮아진 온도를 지속적으로 낮게 유지시켜주는 보냉제 역할

여름철이 다가오면 아이스 음료에 사용되는 얼음 양에 대한 기사가 종종 눈에 띈다. 얼음을 빼면 실제 음료는 매우 적은 양이라는 내용이다. 그런데 여기에도 고려해야할 부분이 있다. 예를 들어, 동일한 아이스 음료 두 컵을 구매했는데 한쪽엔 3개의 얼음만이, 다른 한쪽엔 정량인 6개의 얼음이 포

함되어 있다고 가정하자. 무더운 여름, 서로 다른 두 사람이 10분에 걸쳐 대화하며 구매했던 아이스커피를 각각 마실 경우, 10분이 지난 시점에 어느 음료의 얼음이 더 많이 녹았을까?

구분	ⓐ	ⓑ
얼음 수	3개 (적다)	6개 (정량)
얼음이 녹는 시간	빠르다	느리다
음료 품질 유지 시간	짧다	길다

[표 31] 서로 다른 얼음량이 아이스 음료 품질에 미치는 영향

얼음이 녹는 시간을 살펴보면, ⓐ의 경우 전체 음료의 온도 상승을 단 3개의 얼음이 막아내야 하므로 상대적으로 얼음이 많은 ⓑ보다 더 빨리 녹게 된다. 얼음은 녹으면 물이 되므로 얼음이 빨리 녹을수록 음료도 더 빨리 희석된다. 따라서 음료의 품질 역시 빠르게 나빠지게 된다.

이와 같이, 얼음은 찬 음료의 온도를 지속적으로 낮게 유지시켜주는 보냉 역할을 담당한다. 따라서 아이스 음료의 품질이 더 오래 유지되도록 하기 위해서는 적절한 수의 얼음이 필요하다. 만일, 적정량의 얼음 부피로 인해 기본 음료의 양이 충분히 확보되지 못한다면, 더 큰 용기를 사용하는 것이 설득력 있는 대처일 것이다.

아이스 핸드드립 커피에서는 일반적으로 농도와 품질 유지를 위해 30g 가량의 비교적 많은 양의 분쇄커피를 1잔 분량으로 사용한다. 또 제조 과정 동안 일일이 추출자의 손으로 만들어야 하며, 세척해야 할 기물 수도 많다. 따라서 올바른 아이스 핸드드립 커피를 만들고자 하는 열정이 숨어있는 추출법이라 하겠다.

2) 하리오 모델

• **추출 순서**

아이스 핸드드립에서도 기존의 핸드드립식 추출법의 역학적인 관계가 모두 적용된다. 동시에 추출을 마친 뜨거운 커피가 얼음을 만나면서 일어나는 상황에 적절히 대처할 수 있어야 한다. 이런 점을 감안해서 익혀나가면 또 다른 차원의 핸드드립 커피 세계를 경험하게 될 것이다. 아래의 추출 순서는 칼리타 모델에서도 기본적으로 적용된다.

여과지 장착	드립퍼는 3~4인 기준의 용량이므로, 여과지도 그 크기에 맞는 것을 사용하면 된다.
원두 계량	추출 과정에서 얼음이 녹아 희석되는 것을 감안하여, 따뜻한 핸드드립 커피 추출에 사용되는 커피량의 약 2~3배 정도의 원두를 사용한다면 산지의 맛을 명확히 표현하는데 이롭다. 필자의 경우, 1인 30g, 2인 55g 정도로 계량하고 있다.
분쇄 및 드립퍼에 담기	분쇄도는 중간 혹은 중간보다 조금 굵은 정도를 권한다. 더욱 진한 커피를 원할 경우 다소 가늘게 분쇄해도 무방하겠다. 그러나 이 경우 물빠짐이 느려져 추출 종료 시간이 길어지며, 그것은 곧 얼음이 더 많이 녹을 수 있도록 시간을 벌어주는 결과로 이어질 수 있다. 오히려 농도 조절에 불리할 뿐만 아니라 잡미까지 포함될 수 있다는 점은 유의해야 한다.
아이스 챔버에 얼음 채우기	아이스 챔버의 얼음은 추출 직전에 채우도록 권한다. 얼음부터 채우고 나중에 분쇄커피를 준비하면, 그 시간동안 얼음은 이미 녹기 시작하며, 드립서버에는 물이 고이게 된다.
전체 기물 세팅	추출을 진행하기 위해, 전체 기물을 세로로 세팅한다.
추출	뜸들이기를 정상적으로 진행하되, 물이 다소 부족하더라도 드립퍼 아래로 커피가 가급적 떨어지지 않는 범위 내에서 뜸들이기가 진행되도록 권한다. 뜨거운 액체가 얼음에 닿는 순간부터 얼음은 빠르게 녹기 시작하고, 일반적인 뜸들이기에 소요되는 30초의 시간은 녹기 시작한 얼음이 더 잘 녹도록 촉진할 수 있을 만큼 충분히 긴 시간이다. 추출 시 특히 유의할 점은 농도 관리를 위해 목표 추출량을 넘지 않도록 해야 한다는 것이다. 얼음이 물이 되면서 추출된 커피와 섞여 추출 결과물의 수위가 얼마나 상승하는지를 예의 주시하여야 한다.
드립퍼, 디퓨저 아이스 챔버 들어내기	목표 추출량이 얻어지는 즉시 드립퍼, 디퓨저, 아이스 챔버를 들어낸다. 추출단계에서 얼음을 타고 흘러 내려오는 물길이 편향되는 바람에 추출이 완료된 커피의 온도가 예상보다 다소 높다면, 얼음이 남아 있는 아이스 챔버를 들어내지 않은 상태에서 서버를 흔들어 추가적인 온도하락을 유도할 수 있다. 이 과정이 모두 끝나면 아이스 챔버를 즉시 들어낸다.

| 아이스 잔에 얼음 채우기 | 최종 서비스될 아이스 잔에 얼음을 채우는 과정으로, 추출 과정을 시작하기 전에 얼음을 채워 냉장고에 미리 넣어둔다면, 잔마저 차게 식어서 더욱 바람직하다. |

▼

| 서비스 | 얼음이 든 아이스 잔에 커피를 가득 부어 완성한다. 표면의 거품을 걷어 내면 얼음의 영롱한 모습이 아름답다. |

• **구모델 vs 신모델**

현재 출시되고 있는 우측의 모델은 좌측의 구 제품을 일부 개량한 모델이다. 이 두 가지 모델의 차이를 비교해보는 일은 매우 흥미롭다. 아이스 핸드드립커피 추출과정에서 일어날 수 있는 경우의 수를 확인할 수 있을 뿐만 아니라, 최종 결과물에 미치는 영향을 개선하려는 의도와 방향도 가늠할 수 있다. 아이스 핸드드립의 원리가 기물에 어떻게 적용되는지 이해하는 데에도 도움이 된다.

구분	구모델	신모델
형상	 드립퍼 아이스 챔버 드립서버 (Carafe)	 디퓨져
아이스 챔버	ⓐ 폭이 좁고 길다	ⓑ 상대적으로 폭이 넓고 짧다
전체 높이	ⓒ 높다	ⓓ 낮다
디퓨져	ⓔ 간이형이 있다	ⓕ 있다

[그림 104] 하리오 아이스 드립기구의 모델 비교

ⓐ 구모델의 아이스 챔버는 좁다. 이 때문에 얼음이 종으로 배열되는 경우가 많아서 뜨거운 커피가 타고 내려도 녹지 않은 부분끼리 서로 떠받치는 현상이 종종 생긴다. 이 경우에는 뚫려진 얼음 길로 채 식지 못한 커피가 자유낙하하게 되므로, 추출 중에 몸체를 잡고 흔들어 얼음의 위치를 재배열할 필요가 있다.

ⓑ 신모델에서는 아이스 챔버의 폭을 넓혔다. 따라서 얼음은 횡적으로도 나란히 포개져 얼음이 녹는 과정에서 자연스럽게 아래로 처지며 재배열되어 얼음 길이 생기지 않는다.

ⓒ 구모델의 무게중심은 상당히 높다. 커피가 얹히고 물붓기가 시작되면 물의 무게까지 더해져 더욱 불안해지며, 바닥 면적 역시 상대적으로 좁아 드립포트의 주둥이에 부딪혀 넘어지는 경우도 발생할 수 있으므로 유의해야 한다.

ⓓ 신모델은 아이스 챔버의 폭을 넓히면서 자연히 드립서버의 지름도 커짐으로써 바닥 면적이 넓어졌다. 따라서 키를 더 낮춰도 되는 상황이 되었고 무게 중심도 내려와 안정적이다.

ⓔ 구모델에는 플라스틱 원반형 간이 디퓨저가 있으나 그 기능 면에서 다소 만족스럽지 못했다. 신모델에서 기물 전체의 키가 낮아지자 ⓕ형태의 본격적인 디퓨저를 도입하였다. 구조를 개선한 결과 추출 속도가 더 빨라진 반면, 바닥 면적이 넓어지면서 추출된 커피와 얼음이 지속적으로 만나고 있어야 하는 면적 역시 넓어져 커피가 희석되는 속도 역시 빠르다는 것은 약점이다.

1인 분량 300ml, 2인 분량 600ml를 최종 추출량 기준으로 볼 때, 2인 분량에 가까워질수록 거의 모든 얼음은 소진되는 편이며, 더 많은 얼음을 채우려 해도 디퓨저의 하단에 걸려 제한된다. 추출자는 이 부분을 감안하여 추출 속도와 얼음의 소진 정도를 수시로 확인할 필요가 있다.

3) 칼리타 모델

칼리타 모델에 있어서 주목해야 할 부분은 아이스 바스켓으로 불리는 냉각기이다.

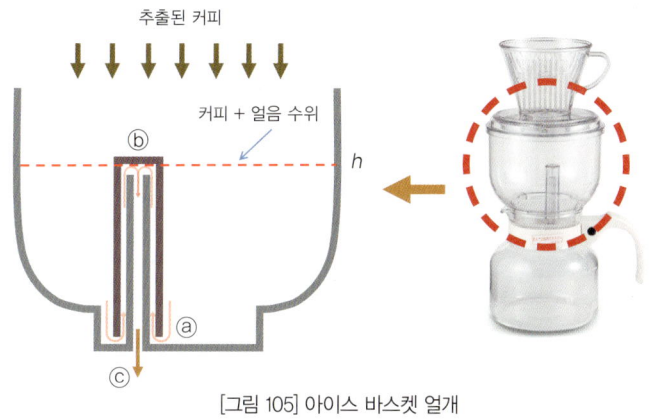

[그림 105] 아이스 바스켓 얼개

드립퍼로부터 추출된 커피가 내려오면, 아이스 바스켓 내부에 미리 준비된 얼음 층에 도착하여 온도가 강하됨과 동시에 얼음도 녹기 시작한다. 이 때, 모세관 현상에 의해 ⓐ틈 안쪽으로도 동시에 수위가 올라가게 된다. 점점 수위가 올라가 h 높이에 이르러 커피가 ⓑ지점에 도달하면, 바스켓 아래 쪽 외부 ⓒ로 통하는 수직관을 통하여 일시에 흘러내리게 되며, ⓐ~ⓑ구간에 해당하는 기둥 내부의 액체 역시 끌어당기게 된다.

이 흐름은 추출물의 수위가 바스켓의 바닥에 이를 때까지 지속되는데, 바닥에 이르러 공기가 ⓐ틈을 통해 유입되면서 흐름은 종료되며, 추출과정 역시 종료된다.

높이 h는 수많은 시행착오를 거치는 실험과 매우 면밀하게 계산된 결과의 산물이라 하겠다. 추출 수율을 적정치로 유지할 수 있는 범위 내에서 의도된 양 만큼의 커피가 추출되어야 하고, 동시에 얼음이 녹는 속도와도 맞아떨어지도록 하는 지점이 h 높이다. 기둥의 높이가 더 높으면 추출의 후반부에 잡미가 포함된 추출물까지 투입해서 양을 채워야 하는 상황이 되며, 반대로 높이가 낮으면 목표치보다 적은 양의 커피 결과물을 얻게 된다. 기둥으로부터 액체가 한 번 흐르기 시작하면 그 흐름이 끝나는 순간까지 멈출 수 없다. 최종 추출량이 목표치에 훨씬 못 미친다 하더라도 또 다시 h 높이까지 액체를 차곡차곡 채우지 않는 한 추가적인 추출물은 얻을 수 없다.

이 제품은 이처럼 무척 흥미롭고 철저히 과학적으로 계산된 구조를 가지고 있으며, 결과물의 품위도 동종의 기물 중에서 가장 앞서는 것으로 판단된다. 실무에서 간혹 기둥을 통해 내려오는 커피가 시원스럽지 못하고 조금씩 내려오다가 멈추는 경우가 생기는데, 이는 h의 상승속도가 낮아 ⓑ지점의 내부 공간에 결손이 생겼기 때문이다. 이 경우에는 바스켓을 손으로 기울여주되, 기둥 쪽이 수면 아래로 잠시 동안 잠기도록 해주면 바로 해결된다.

2. 케멕스 (Chemex)

케멕스는 혁신적이면서도 미려한 디자인을 가진 커피 추출도구이다. 기존의 전통적인 핸드드립식 커피 기물의 추출체제를 일부 탈피하여 드립퍼와 드립서버를 일체형으로 만들었다. 또 최소 3인 용량의 모델에서부터 10인 이상에 이르기까지 대체로 다량의 핸드드립커피를 한 번에 얻을 수 있도록 고안되었다.

독창적인 디자인으로 인해 여과지 역시 전용 제품을 사용하도록 권장된다. 세척 시에는 손잡이가 달린 세척솔을 이용해야 바닥까지 세척이 가능하다.

[그림 106] 케멕스 기구

1) 추출법

① 여과지 접기

케멕스의 여과지*는 입체적으로 성형되지 않은 낱장을 접어서 사용하도록 되어 있다. 반달형 혹은 사각형의 여과지를 두 번 접어서 사용하는데, 제조사는 아래의 방법으로 접어서 사용하도록 안내하고 있다.

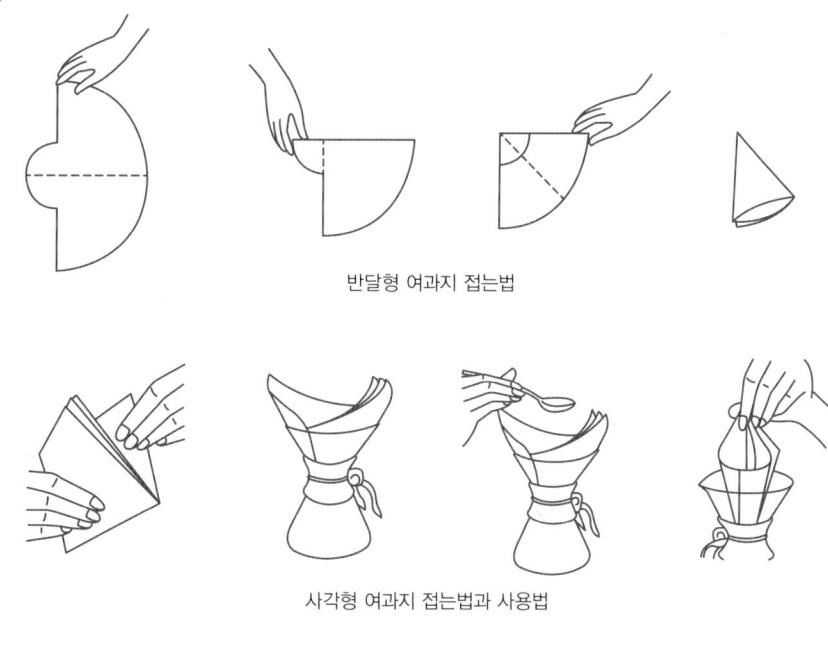

반달형 여과지 접는법

사각형 여과지 접는법과 사용법

[그림 107] 케멕스 여과지 접는법

---

* 일부 판매처에서는 케멕스 전용 여과지에 곡물 성분이 함유되어 있어 불필요한 커피 성분을 걸러내는 데 더욱 유리한 점을 안내하고 있는데, 케멕스社 홈페이지에서 밝히고 있는 전용 여과지의 장점으로 곡물 성분의 함유에 대해서 언급하고 있지 않다.

Q | What advantages do Chemex filters offer?
A | Chemex filters are 20-30% heavier (more absorbent) to remove undesirable sediment particles and oils. Chemex filters were scientifically formulated to permit proper infusion time while filtering out sediment, oil, and fats. Infusion gives coffee a richer flavor and makes possible the fractional extraction of only the desirable parts of the coffee bean

Q | What is the "natural" filter paper?
A | Cleansed through a four stage process using extremely hot water, the paper is 100% cellular fiber made of primarily softwood such as pine.
[출처 : www.chemexcoffeemaker.com/faq]

드립퍼에 해당하는 부분은 별도의 리브가 없는 매끈한 유리면으로 구성된 대신, Pouring Spout를 마련하여 추출된 커피를 따르는 주둥이 역할과 함께 추출 시 공기가 통하는 리브의 역할을 동시에 수행하도록 만들어져 있다.

케멕스 여과지를 접은 후 커피를 담기 위해 내부 공간을 열면 한쪽 부분은 3겹이 되는데, 3겹 부분이 Pouring Spout 쪽으로 장착되도록 권한다.

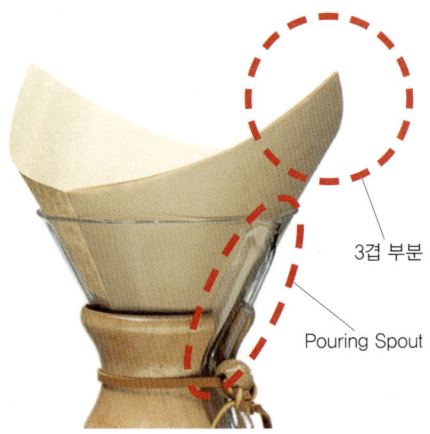

[그림 108] Pouring Spout 구조와 여과지 장착 모습

② 린싱(Rinsing)

케멕스에서는 분쇄커피를 담기 전에 장착된 여과지 위로 뜨거운 물을 붓는 린싱 과정을 안내하고 있다. 여타 여과지보다 두꺼운 여과지 특유의 맛도 빼내고, 그 물로 서버부를 데우는 역할도 기대할 수 있다. 린싱을 마친 물은 Pouring Spout를 통해 버린다.

앞의 전통적인 핸드드립식 커피 추출법에서, 여과지를 장착할 때는 가급적 드립퍼에 수분이 없는 상태에서 진행할 것을 권한 바 있다. 수분이 흥건하여 여과지가 미리부터 젖을 경우, 분쇄커피를 담았을 때 수분에 닿은 커피에서는 미리부터 추출이 시작된다는 점, 그리고 리브로 떠받쳐져 있는 종이 재질의 여과지가 물에 젖으면 그 부분의 섬유질이 늘어나고, 다른 부분보다 간격이 커지면서 물 빠짐이 상대적으로 원활한 일련의 물흐름 통로가 될 수 있다는 우려도 있었다.

케멕스에서 린싱을 권하는 이유를 해석하자면, 두 가지의 주안점을 염두에 둘 수 있다. 첫째는 여과지가 다소 두껍고 리브 자체가 없으므로 재질이 이완될 가능성이 적다는 것이다. 혹시 넓은 Pouring

Spout 부분으로 이완되더라도 3겹의 여과지 부분이 막고 있어 상대적으로 안전하다고 할 수 있다. 둘째는 최소 3인~13인 분량을 위해 비교적 많은 양의 커피를 사용하게 되므로 일부 분쇄커피가 젖은 여과지의 물과 닿아서 발생하는 문제의 영향이 그리 크지 않다는 것이다.

이 두 가지의 주안점을 토대로 린싱을 진행함으로써, 종이 맛을 걸러냄과 동시에 용기도 데우는 쪽을 선택하였다고 판단된다.

③ 커피 분쇄 및 담기

케멕스는 커피 분쇄기의 형태로서 Burr Grinder*를 권하고 있다. 보편적으로 사용하는 커피 전용 분쇄기는 이 형태를 지니고 있으므로 문제는 없지만, 상대적 개념인 Blade Grinder에서 미분이 더 많이 발생한다는 점을 염두에 둔 권고라고 본다. 미분이 많으면 두껍고 밀도가 높은 여과지를 막아 물 빠짐이 불리해진다.

④ 뜸들이기

180°F~200°F**(82.2℃~93.3℃)의 온도에서 물붓기를 시작하고, 뜸들이기는 커피량에 따라 30~45초를 권장하고 있다. 해당 온도에서 물붓기가 시작되면 더 이상 물을 가열하지 않도록 안내하고 있다.

[그림 109] 케멕스의 추출커피 용량 가늠법

⑤ 추출

2~3회의 물붓기로 추출을 진행하며, 최종 추출 분량을 가늠할 수 있는 위치가 표면에 마련되어 있다. 제품에 따라 다소간의 편차는 있으나, 제품의 최대 용량은 왼쪽 그림의 손잡이 하단 높이에 이르

---

* Burr Grinder : 틈을 가진 두 개의 날 사이에 딱딱하고 작은 음식물을 넣어 가는 기구
  Blade Grinder : 금속 날이 고속(혹은 저속)으로 회전함으로써 음식물을 분쇄, 혹은 잘게 써는 기구
** 케멕스 추출에서 최적의 온도는 200°F가 권장된다. 온도가 다소 높게 설정된 이유는 분량 때문이다. 3인 분량 이상의 많은 커피를 한꺼번에 추출하게 되므로 다소 높은 온도에서 시작하는 것이 추출의 효율성 차원에서 유리하다 판단할 수 있다.

는 양으로 가늠할 수 있다. 그 양의 절반 정도에 해당하는 높이에 특유의 유리 버튼을 만들어 놓았다.

여과지를 덜어냄으로써 추출은 종료된다. 총 추출시간은 4분을 넘지 않도록 안내하고 있다.

2) 아이스 추출법

케멕스 본체에 얼음을 채우고 추출을 시도하는 것으로 아이스커피를 만들 수 있다. 한편, 얼음이 먼저 채워져 있는 관계로 아이스커피 추출 과정에서는 린싱 과정이 생략된다.

전체적으로 케멕스의 커피는 그 맛의 품질에 있어 전통적 기구를 사용한 핸드드립 커피 추출의 결과물에 비해 섬세함이 떨어짐으로 판단되나, 특유의 감성을 지닌 도구로서의 가치는 커피와 잘 어울리는 장점이라 하겠다.

영화 〈인터스텔라 (Interstellar, 2014)〉의 한 장면에서는 케멕스를 물병으로 사용하고 있는 장면이 삽입되어 있으며, 커피 기물로서의 영역을 초월해 다양한 용도로 일상에서 활용되는 모습을 보여주고 있다.

[그림 110] 영화에 삽입된 케멕스 기구

3. 워터드립(Water Drip)

워터드립식 커피는 일명 더치커피(Dutch Coffee)라 불리며, 네덜란드 상인들이 당시 식민지였던 인도네시아를 오가는 긴 항해 길에서 보다 보관이 용이한 커피를 고안하면서 개발된 형태로 알려져 있다. 최근 몇 년에 걸쳐 한국에서도 급속히 보급된 추출 형태로서, 커피 애호가를 중심으로 더 면밀한 추출 과정에 대한 다양한 시도 역시 진행 중이다.

최근에는 "콜드브루(Cold Brew)"의 이름으로 제품화되기도 하였다.

[그림 111] 다양한 워터드립 추출용 기구

1) 기본 원리

추출에 사용하는 물의 온도가 실온 상태이므로 만족할만한 추출수율을 위해 추출 시간을 극단적으로 늘여, 짧게는 3시간에서부터 길게는 12시간 정도의 긴 시간에 걸쳐 방울방울 떨어뜨린 물로 추출하는 방식이다.

진하게 추출된 커피는 2~3일의 냉장숙성을 통해 그 맛이 더욱 깊어지는데, 약 1주일 이내까지는 긍정적인 숙성의 기간으로 본다.

2) 추출 방식

과거에는 대용량의 기물을 중심으로 추출이 진행되었으나, 최근에는 가정용으로 소량의 커피를 추출할 수 있는 기물도 다양하게 출시되어 있다. 추출법 역시 서로 다른 디자인의 기물에 따라 조금씩 차이가 나지만, 대체로 다음의 추출 순서로 진행된다.

① 상부 물탱크에 물 채우기

워터드립식 커피 추출은 실온의 물을 사용하므로 물의 청결도에 대해 특히 유의하여야 한다. 추출에서부터 음용 단계에 이르기까지 살균 과정이 없고, 장시간 대기에 노출되는 환경 속에서 세균이나 먼지 등으로 인해 오염될 수도 있으므로 추출 환경에도 세심한 주의가 필요하다.

② 커피로더(Coffee Loader) 혹은 커피탱크(Coffee Tank)에 분쇄커피 채우기

커피로더 혹은 커피탱크 바닥에 여과지를 깐다. 여과지는 그 재질에 따라 종이류를 사용하거나, 용량이 클 경우 융 필터를 사용하기도 한다. 커피의 분쇄도는 온도가 낮은 실온의 물이 커피 성분을 더 쉽게 받아들일 수 있도록 핸드드립 기준 중간 정도보다 더 가늘게 분쇄하여 사용하는 것이 일반적이다.

분쇄커피를 담은 후 탬핑을 하는 경우가 있고, 탬핑을 생략한 대신 뜸들이기 과정을 수십 분간 따로 진행하는 경우가 있는데, 기물마다 권장하는 바를 따른다면 더 유리할 것이다.

③ 추출

추출 속도는 2~3초에 한 방울씩의 물방울을 떨어뜨리는 방법이 일반적이다.

④ 숙성 및 보관

커피도 음식물이므로 추출이 끝나면 반드시 냉장 보관하되, 적절한 숙성을 위해서 음용을 미루는 경우 외에는 장기간의 보관은 피할 것을 권한다.

핸드드립식 추출을 통해 뜨겁게 추출한 커피를 실내 온도에서 1~2일 방치할 경우 잔의 상단부에서부터 곰팡이가 슬면서 부패되며, 3~4일이 지나면 표면 곳곳에 곰팡이가 슨 것을 발견할 수 있다. 추출한 커피에는 방부제가 전혀 포함되어 있지 않기 때문인데, 워터드립의 경우 실온의 물을 사용하게 되므로 세균 등에 더욱 취약할 수밖에 없는 추출 구조를 가지고 있다. 따라서 위생과 보관에 특히 유의할 것을 권한다.

워터드립식 추출법은 일종의 장치형 추출법으로서, 추출자의 손맛이나 특별한 추출 스킬이 없어도 적절한 조작법에 의해 설치와 추출 준비가 마무리되면 실패율이 낮은 커피를 얻을 수 있다.

청결한 기물 관리와 올바른 추출법을 통해 추출된 더치커피는 한여름 밤의 더위를 식혀줄 한 잔의 청량제 역할을 할 것이다.

Epilogue

"커피 향에 기절하다."

잦은 비로 축축한 겨울 날씨. 하늘의 구름이 갑자기 걷히며 햇살이라도 내리는 그런 오후에는 근처 작은 공원으로 기어이 산책을 나가, 그곳을 지키는 벤치와 겨울 나무들을 보고와야만 하겠다는 생각이 드는 곳. 학창시절, 80일간 머물게 되었던 영국의 Leeds가 그러했다.

시민들의 일상이 펼쳐지는 오픈마켓을 구경하던 어느 날 오후, 어디선가 날아온 커피향은 내 후각을 자극했고 이미 내 발은 그곳을 향하고 있었다.
그 곳을 찾은 한 낯선 동양인 청년이었던 나는 생전 처음보는 커피 로스팅 머신과, 여전히 뜨거운 기운을 품고 빙글빙글 돌며 커피향을 퍼뜨리고 있는 커피 낱알들을 신기하게 지켜보았다.
결국, 커피 원두를 무작정 한 봉지 샀다. 씰링된 커피 봉지는 가방으로 들어갔고, 해질녘까지 시장을 더 돌아본 뒤 집으로 돌아왔다. 그런데 커피를 꺼내려 가방을 열어보니, 커피 봉지가 부풀어 올라 빵빵하게 변해 있는 것이 아닌가.

'열어봐야지.'
양 손으로 봉지 앞뒤를 단단히 거머쥐고 힘을 주었다. 그러나, 커피 구경을 하려면 좀 더 용을 쓰라는 듯, 봉지는 여전히 부푼 볼륨감만 뽐내고 있었다.
'어디, 이번에는..'
고개 숙이고 안간힘을 쓰는 내 가슴 앞으로 봉지가 바짝 붙어 있었고, 그 다음 순간 "뻥" 소리와 함께 봉지가 열렸던 시각까지만 기억이 났다.
"헉!"
놀라서 나도 모르게 숨을 크게 들이마신 뒤, 기억의 필름이 순간 끊어지고 말았다. 기절한 것이다.

쓰러지며 어디엔가 부딪혔는지 뒤쪽 머리에 통증이 있고, 서서히 정신을 차려보니 나는 바닥에 넘어져 있었다. 방바닥은 흩어진 커피 원두로 난장판이 되어 있고, 그 사이로 뜯어진 커피 봉지가 나뒹굴고 있는 것이 보였다.

로스팅 직후부터 폭발적으로 분출된 향미성분이 밀폐된 봉지 속에서 농축되어 있다가 한꺼번에 나오면서 내 폐로 순식간에 몰려 들어갔던 것이다. 폐는 그 많은 커피 향미성분을 재빨리 받아들였고, 각성작용을 가진 다량의 성분들이 급격히 흡수되면서 순식간에 정신을 잃게 만든 것이다. 이 순간은 나와 커피와의 많은 인연 중에서 가장 드라마틱한 장면으로 남아있다.

커피를 마시는 일은 오프라인의 법칙을 따르고 있고, 철저히 아날로그다.
이 세상 모두가 디지털화되고, 심지어 감정마저도 디지털의 논리를 학습하게 된다 하더라도, 커피를 사이에 두고는 서로의 정과 사랑을 나누는 좋은 대화가 그곳에 깃들기를 소망한다. 더우기, 내가 커피를 사랑하는 이유는 그런 대화를 나누는 가운데 커피가 있어주어서만이 아니라, 앞으로도 좋은 일이든 나쁜 일이든 내가 손을 내미는 그 곳에서 나를 떠나지 않고 항상 곁을 지켜 줄 친구, 그 역할을 커피는 마다하지 않을 것임을 알고 있기 때문이다.

핸드드립식 커피 추출 과정을 해석한 이 책을 통하여 자신이 추구하는 가치의 커피에 한 걸음 더 다가가는 즐거움이 함께하기를 희망한다. 혹 부족한 부분이 발견되더라도, 그것을 빌미삼아 서로 논의하고 토의하며 커피 한 잔의 시간을 갖게 된다면 더없는 기쁨이겠다.

2017년 2월

부록
Index
그림, 표 색인 / 참고문헌

그림, 표 색인

[그림 1] 커피의 전래 역사 (출처 : 미국스페셜티커피협회) · 14
[그림 2] 커피체리의 얼개 · 17
[그림 3] 로스팅 전후의 원두 모습 · 24
[그림 4] 커피 향미표 (출처 : 미국스페셜티커피협회) · 27
[그림 5] 커피 로스팅 프로파일 · 28
[그림 6] 로스팅의 금 밟기 비유 · 29
[그림 7] 볶음 정도에 따라 단계별로 보편화된 명칭 · 30
[그림 8] 색도계와 칼라디스크 · 31
[그림 9] 물분자의 수소결합 · 37
[그림 10] 물의 응집력 · 37
[그림 11] 물의 부착력 · 38
[그림 12] 용해 · 41
[그림 13] 한 잔의 커피 · 42
[그림 14] 확산 · 43
[그림 15] 포화상태 · 43
[그림 16] 볶은커피의 전자현미경 확대사진 · 45
[그림 17] 핸드드립커피의 추출 · 47
[그림 18] 분쇄커피가 담긴 드립퍼의 종단면 · 48
[그림 19] 커피성분의 용해와 확산 개념도 · 49
[그림 20] 추출변수 다이아그램 · 58
[그림 21] 다양한 커피 보관 용기 · 59
[그림 22] Toper社의 판매용 원두 Silo · 60
[그림 23] 결점두 · 60
[그림 24] 색상 편차가 큰 원두(좌, 중)와 색상이 고른 원두(우) · 62
[그림 25] 에스프레소用 그라인더 · 65
[그림 26] 핸드드립 및 기타 추출用 그라인더 · 65
[그림 27] 분쇄도가 동일할 때의 커피량과 추출수율간의 상관관계 · 68
[그림 28] 원두량이 동일할 때의 분쇄도와 추출수율간의 상관관계 · 68
[그림 29] 물줄기의 굵기 · 70
[그림 30] 분쇄도가 서로 다른 커피의 특징 · 71
[그림 31] 서로 다른 분쇄도에 따른 추출시간과 추출수율의 상관관계 · 72
[그림 32] 드립퍼 하부의 온도 측정 · 74
[그림 33] 추출시간의 흐름에 따른 드립퍼의 하부 온도의 변화 · 75
[그림 34] 뜸들이기에 사용된 서로 다른 양의 물이 드립퍼 하부 온도 변화에 미치는 영향 · 76
[그림 35] 물붓기 물 양의 안배 · 77
[그림 36] 물붓기 물 양의 안배 차이에 따른 드립퍼 하부 온도의 변화 · 77
[그림 37] 물붓기 방식에 따른 농도 변화 · 78
[그림 38] 영화에 삽입된 커피 추출 방식 · 79
[그림 39] 표백, 무표백 여과지 · 89
[그림 40] 다양한 금속 재질 여과 도구 · 91
[그림 41] 혀가 맛을 느끼는 부위 · 93
[그림 42] 매장 현장 · 97
[그림 43] 핸드드립식 커피 추출 기물 · 101
[그림 43-1] 커피입자에 작용하는 물리적 힘 · 103
[그림 44] 두 물체가 부딪혔을 때의 운동 방향 · 104
[그림 45] 탬핑(Tamping)과 태핑(Tapping) · 105

[그림 46] 1차 탬핑 · 106
[그림 47] 탬핑 · 106
[그림 48] 2차 탬핑 · 107
[그림 49] 포터필터 바스켓 내부 가장자리의 분쇄커피 밀착 개념도 · 107
[그림 50] 평면과 곡면의 탬퍼면이 작용하는 힘의 방향 · 108
[그림 51] 포터필터 바스켓 내부 가장자리의 분쇄커피에 곡면 탬퍼가 미치는 힘의 영향 개념도 · 109
[그림 52] 바람직한 물줄기 3요소 · 110
[그림 53] 수직으로 떨어지는 물줄기 · 110
[그림 54] 곡선으로 떨어지는 물줄기의 드립퍼 내 힘의 작용 · 111
[그림 55] 수직으로 떨어지는 물줄기의 드립퍼 내 힘의 작용 · 112
[그림 56] 물줄기 내려놓기의 밧줄 비유 · 113
[그림 57] 물줄기의 와류 발생 · 114
[그림 58] 물줄기 경로 · 115
[그림 59] 드립포트의 가로 단면 치수의 영향 · 116
[그림 60] 주둥이 관 지름의 영향 · 116
[그림 61] 주둥이 끝이 몸체로부터 가까운 경우의 드립포트 · 117
[그림 62] 주둥이 끝이 몸체로부터 먼 경우의 드립포트 · 118
[그림 63] 드립포트의 무게중심과 모멘트 · 119
[그림 64] 다양한 특징을 가진 드립포트들 · 119
[그림 65] 고리형 손잡이 드립포트 · 122
[그림 66] 고리형 손잡이 그립법 · 122
[그림 67] 가지형 손잡이 드립포트 · 123
[그림 68] 가지형 드립포트 그립법 · 123
[그림 69] 추출시 전신자세 예시 · 124
[그림 70] 드립포트 주둥이의 튜닝 전 후 모습 · 125
[그림 71] 주둥이 튜닝의 정도 · 126
[그림 72] 주둥이 끝을 아래방향으로 끌어내리는 튜닝법 · 126
[그림 73] 물이 물을 밀어내는 원리 · 128
[그림 74] 핸드드립 커피 추출 도구 세팅 · 129
[그림 75] 물줄기 경로 방향 · 130
[그림 76] 물줄기 형태별 밧줄 비유 · 132
[그림 77] 캠핑용 드립퍼 · 133
[그림 78] 드립퍼 형태별 물줄기 모양 · 133
[그림 79] 가는 물줄기와 굵은 물줄기 · 134
[그림 80] 물줄기 응용 · 135
[그림 81] 분쇄커피의 단위 체적 · 136
[그림 82] 드립퍼를 거치하는 다양한 형태 · 137
[그림 83] 여과지 장착 순서 · 138
[그림 84] 손잡이 형태별 드립서버와 눈금 위치 · 139
[그림 85] 드립서버를 안전하게 쥐는 법 · 140
[그림 86] 드립서버의 손잡이와 손잡이 고정형태 · 140
[그림 87] 핸드드립식 커피 추출 과정 · 142
[그림 88] 계량 스푼의 종류 · 145
[그림 89] 계량 보조기구 · 145
[그림 90] 분쇄커피의 수평맞추기 · 147
[그림 91] 다양한 온도계 · 149
[그림 92] 드립포트에 고정된 온도계 · 149
[그림 93] 드립포트 물온도 측정 · 150
[그림 94] 드립퍼의 각 구멍으로부터 원활히 추출되는 모습 · 154

Index 191

[그림 95] 뜸들이기 과정의 분쇄커피의 표면과 여과지 모습 · 155
[그림 96] 물붓기 모습 · 156
[그림 97] 물붓기 회차별 드립포트 높이 조절 방법 · 161
[그림 98] 가장자리 10mm 남기기 · 162
[그림 99] 가장자리 10mm 남기고 물붓기하여 추출을 종료한 후의 모습 · 162
[그림 100] 과다한 양의 물로써 물붓기가 진행되었을 때의 가장자리 세로 변동폭과 물 빠짐 · 163
[그림 101] 물조절이 적절한 경우의 가장자리 변동 예시 · 164
[그림 102] 다양한 형태의 아이스 드립기구 · 170
[그림 103] 아이스 드립 기구 · 172
[그림 104] 하리오 아이스 드립기구의 모델 비교 · 175
[그림 105] 아이스 바스켓 얼개 · 177
[그림 106] 케멕스 기구 · 178
[그림 107] 케멕스 여과지 접는법 · 179
[그림 108] Pouring Spout 구조와 여과지 장착 모습 · 180
[그림 109] 케멕스의 추출커피 용량 가늠법 · 181
[그림 110] 영화에 삽입된 케멕스 기구 · 182
[그림 111] 다양한 워터드립 추출용 기구 · 183

[표 1] 커피생두의 가공방식 · 19
[표 2] 생두의 품질 등급예시 · 20
[표 3] SCAA 스페셜티커피 품질 등급 구분 · 21
[표 4] Agtron 수치에 따른 볶음 정도 구분표 · 31
[표 5] 로스팅 단계별 향의 발산 · 32
[표 6] 로스팅 전후의 커피성분표 · 33
[표 7] 추출수율표(I) · 52
[표 8] 각 지점별 사용된 커피량 계산 · 53
[표 9] 추출 형태별 구분 · 56
[표 10] 추출수율표(II) · 64
[표 11] 그라인더 칼날 형태별 특징 · 66
[표 12] 커피 추출 기구별 분쇄도 예시 · 67
[표 13] 물붓기 방식에 따른 맛의 차이 · 79
[표 14] 드립퍼 형태별 특징 · 80
[표 15] 반원추형 드립퍼 종류별 특징 · 82
[표 16] 반원추형과 원추형 드립퍼의 특징 · 83
[표 17] 원추형 드립퍼의 리브 형태별 특징 · 84
[표 18] 서로 다른 재질의 드립퍼 비교 · 87
[표 19] pH와 경도가 커피 맛에 미치는 영향 · 88
[표 20] 서울시 수도물의 pH와 경도 · 89
[표 21] 이상적 추출과 현실적 추출의 정의 · 95
[표 22] 현실적 제약에 따른 추출변수의 극복방향 · 95
[표 23] 오른손과 왼손의 역할 분담 · 131
[표 24] 현실적 추출의 대전제 · 131
[표 25] 바람직한 물줄기 모델의 3요소 · 132
[표 26] 서로 다른 형태의 드립퍼 특징에 부합하는 추출변수의 조합 · 144
[표 27] 드립포트 위치별 온도 편차 · 150
[표 28] 추출에 사용되는 물의 온도차가 추출물의 맛에 미치는 영향 · 152
[표 29] 분쇄도와 볶음도의 차이에 따른 뜸들이기 시간 조절 · 158
[표 30] 추출 진행 시기별 추출되는 맛의 천이 · 159
[표 31] 서로 다른 얼음량이 아이스 음료 품질에 미치는 영향 · 173

참고문헌

- 일반물리학1,2   Halliday, Resnick, Walker 공저 / 경상대학교 등역 (범한서적)
- Statics (정역학)   J.L.Meriam, L.G.Kraige 공저 / 권진회 등역 (시그마프레스)
- Dynamics (동역학)   J.L.Meriam, L.G.Kraige 공저 / 강연준 등역 (시그마프레스)
- Chemistry (일반화학)   Zumdahl (사이플러스)
- Heat and Mass Transfer (열전달)   Yunus A. Cengel, Afshin J. Ghajar 공저 / 유성연 등역 (한국맥그로힐)
- World Atlas of Coffee   James Hoffmann (Mitchel Beazley)
- All over Coffee   Madonna, Paul (Consortium Book & Dist)
- 더 알고싶은 커피학   히로세 유키오 / 장상문 등역 (광문각)
- 커피 로스팅 테크닉   이현석 (서울꼬뮨)
- 커피 한 잔의 힘   오카 기타로 / 이윤숙 역 (시금치)
- 현대식품공학   변유량 등저 (지구문학사)
- Coffee : Emerging Health Effects and Disease Prevention   Yi-Fang Chu (Wiley-Blackwell)
- Nature 517, 373–376 (15 January 2015) doi:10.1038/nature13873 Received 14 May 2014 Accepted 19 September 2014
   Published online 05 November 2014 "The neural representation of taste quality at the periphery"
- Nature 438, 1022–1025 (15 December 2005) | doi:10.1038/nature04248; Received 29 July 2005; Accepted 15 September 2005
   "Heat activation of TRPM5 underlies thermal sensitivity of sweet taste"

http://www.wikipedia.org
http://www.scaa.org
http://www.telegraph.co.uk
http://www.japantimes.co.jp/
http://www.hario.jp
http://www.kalita.co.jp
http://www.melitta.com
http://www.chemexcoffeemaker.com
http://www.intelligentsiacoffee.com
https://propelsteps.wordpress.com
https://bluebottlecoffee.com

핸드드립커피 마스터

초판 발행 : 2016년 1월 5일
6쇄 : 2021년 12월 15일

지은이 : 박재범
펴낸이 : 문경라

기획/편집/제작 : 서울꼬뮨

펴 낸 곳 | 서울꼬뮨
등록번호 | 제 2005-000048호
등록일자 | 2005. 3. 17
ⓒ 2015. 박재범 all rights reserved

서울시 서초구 동산로 71 마승빌딩 3층(우편번호 06781)
TEL : 02-579-4725 / FAX : 02-579-4729
E-mail : coffeentea@icoffeentea.com
Home Page : www.icoffeentea.com

이 책의 판권은 월간 커피앤티 발행사인 서울꼬뮨에 있습니다.
여기에 실린 모든 내용과 사진은 법률에 의해 판권을 보장받고 있으므로
본사와 상의 없이 무단으로 전재하거나 복제할 수 없습니다.

책값은 표지에 있습니다.
ISBN 979-11-85060-08-8   13570

커피·차인의 필독서 월간 커피앤티 발행사인 서울꼬뮨에서는
우리나라 카페문화의 올바른 정착을 위하여 노력하고 있습니다.